Bahr
Liebermann

Arbeitsheft
Berufsfachliche und Berufspraktische Kompetenz Wirtschaft

Band 1

Merkur
Verlag Rinteln

Reihe „Berufsfachliche und Berufspraktische Kompetenz Wirtschaft"

Verfasserinnen:
Annelie Bahr, Sigmaringen
Andrea Liebermann, Sigmaringen

unter Berücksichtigung von Texten von Dr. Dieter Benen, Vanessa Horenkamp, Sabine Knauer, Annette Ruwe und Ralf Salih

Coverbild: alexdndz – stock.adobe.com
S. 2: #85 – www.colourbox.de
S. 20: vikpit74 – Fotolia.com

* * * * *

1. Auflage 2023

Gesamtherstellung:
Merkur Verlag Rinteln Hutkap GmbH & Co. KG, 31735 Rinteln

E-Mail: info@merkur-verlag.de
lehrer-service@merkur-verlag.de
Internet: www.merkur-verlag.de

Merkur Nr. 1828-01
ISBN 978-3-8120-1828-9

Vorwort

Die Reihe **Berufsfachliche und Berufspraktische Kompetenz Wirtschaft** richtet sich konsequent an den didaktischen und inhaltlichen Vorgaben des **neuen Bildungsplans** für die berufsbezogenen Fächer (kaufmännischer Bereich) an der zweijährigen Berufsfachschule in Baden-Württemberg aus.

Die Lernfelder der zwei Schuljahre werden jeweils in einem Schulbuch und Arbeitsheft behandelt. Es werden neben den **Berufsfachlichen Kompetenzen** auch die **Berufspraktischen Kompetenzen** vermittelt.

Sowohl in den Schulbüchern als auch in den Arbeitsheften wird darauf geachtet, dass die Inhalte dem Niveau der Zielgruppe **angemessen und sprachsensibel** gestaltet sind.

Im vorliegenden **Arbeitsheft für das 1. Schuljahr** werden die folgenden Inhalte des Bildungsplans behandelt:

Berufsfachliche Kompetenz – 1. Schuljahr	
Lernfeld 1:	Die Rolle als Auszubildende im Betrieb mitgestalten und einen Betrieb präsentieren
Lernfeld 2:	Aufträge bearbeiten
Lernfeld 3:	Werteströme erfassen und beurteilen

Berufspraktische Kompetenz – 1. Schuljahr	
Lernfeld 1:	Büroprozesse gestalten
Lernfeld 2:	Aufträge bearbeiten

Das Arbeitsheft konkretisiert die Lernfelder des Bildungsplans in Form von **Lernsituationen**. Damit die Schülerinnen und Schüler einen **breit gefächerten** Einblick in die betriebliche Wirklichkeit bekommen, wird das berufliche Handlungsfeld mithilfe von **zwei Modellunternehmen** erschlossen. Auf diese Weise gewinnen die Schülerinnen und Schüler Einblicke in die Erfahrungswelt von Industrie- **und** Handelsunternehmen.

Heinrich KG
Büromöbel und Zubehör

Die **Heinrich KG** hat sich auf die Herstellung von Büromöbeln spezialisiert. Sie produziert u. a. Schreibtische, Rollcontainer und Bürostühle. Um ihr Produktionsprogramm sinnvoll zu ergänzen, vertreibt sie darüber hinaus Handelswaren wie z. B. Aktenvernichter, Schreibtischlampen und Flipcharts.

Nabek GmbH
NACHHALTIGE BEKLEIDUNG

Die **Nabek GmbH** ist ein Handelsunternehmen, das sich auf nachhaltige Kleidung spezialisiert hat. In der Nabek GmbH machen u. a. Lisa und Elias eine Ausbildung. Die beiden werden die Schülerinnen und Schüler in vielen Abschnitten – insbesondere in der Abteilung Buchhaltung – begleiten.

Lernbuch
Kap. x.x

Das **Arbeitsheft** ist auf das **Schulbuch für das 1. Schuljahr** (Merkur-Nr. 0828) **abgestimmt.** Im Arbeitsheft wird zu Beginn eines jeden neuen Abschnitts gekennzeichnet, wo man im Schulbuch die passenden Informationen findet, um die Arbeitsaufträge zu lösen. Umgekehrt wird im Schulbuch im Inhaltsverzeichnis und am Seitenrand durch ein Symbol gekennzeichnet, bei welchen Unterrichtsthemen auf geeignete Lernsituationen aus dem Arbeitsheft zurückgegriffen werden kann. Es ist daher ideal, wenn Schulbuch und Arbeitsheft **gemeinsam im Unterricht** eingesetzt werden.

Sigmaringen, Sommer 2023

Inhaltsverzeichnis

BerufsFACHLICHE Kompetenz

Lernfeld 1: Die Rolle als Auszubildende im Betrieb mitgestalten und einen Betrieb präsentieren

Lernfeld 2: Aufträge bearbeiten

Lernfeld 3: Werteströme erfassen und beurteilen

BerufsPRAKTISCHE Kompetenz

Lernfeld 1: Büroprozesse gestalten

Lernfeld 2: Aufträge bearbeiten

BerufsFACHLICHE Kompetenz

Lernfeld 1: Die Rolle als Auszubildende im Betrieb mitgestalten und einen Betrieb präsentieren

Schulbuch Kap. 1

1 Rechte und Pflichten im Ausbildungsverhältnis erkunden

Situation:

Die beiden Freunde, Lisa und Kevin, haben sich zum Eis essen verabredet. Da Lisa immer nur Gutes von ihrem Ausbildungsbetrieb, der Nabek GmbH, berichtet und Kevin auch eine kaufmännische Ausbildung machen möchte, hat er sich ebenfalls bei der Nabek GmbH in Sigmaringen beworben.

Lisa: Hi Kevin! Na, wie läuft die Ausbildungsplatzsuche?

Kevin: Stell' dir vor, ich bin bei der Nabek GmbH genommen worden und kann am 1. August beginnen! Vorhin hat mich die Personalabteilung angerufen und mir die Zusage gegeben.

Lisa: Das ist ja toll! Vielleicht sind wir dann ja auch mal in der gleichen Abteilung eingesetzt.

Im August werden neben Kevin noch neun weitere Auszubildende eine kaufmännische Ausbildung bei der Nabek GmbH beginnen. Hierfür muss in der Personalabteilung viel vorbereitet werden. Die Ausbildungsverträge müssen geschrieben und dabei natürlich die Arbeitsvorschriften berücksichtigt werden.

Nabek GmbH NACHHALTIGE BEKLEIDUNG

Arbeitsaufträge:

1. Wie bei jedem Vertrag entstehen auch beim Ausbildungsvertrag für beide Vertragsparteien Rechte und Pflichten. Des einen Pflicht ist des anderen Recht: So ist es meistens bei Rechten und Pflichten von Auszubildenen auf der einen und Ausbildenden auf der anderen Seite.

   1.1 Suchen Sie die sechs versteckten Pflichten eines Auszubildenden, indem Sie die nachfolgenden Begriffe im Suchworträtsel einkreisen. Die Begriffe können in waagerechter, senkrechter oder auch diagonaler Richtung angeordnet sein.

Pflichten des Auszubildenden		
Weisungsbefolgung	Berufsschule	Berichtsheft
Haftpflicht	Schweigen	Lernen

	A	B	C	D	E	F	G	H	I	J	K	L	M	N	O	P	Q
1	Q	J	Z	K	P	B	E	R	U	F	S	S	C	H	U	L	E
2	W	E	I	S	U	N	G	S	B	E	F	O	L	G	U	N	G
3	Ä	O	J	Y	E	I	H	A	F	T	P	F	L	I	C	H	T
4	M	V	Q	N	N	S	Ö	C	V	H	K	G	Q	J	A	H	I
5	X	Y	R	U	S	C	H	W	E	I	G	E	N	W	E	E	J
6	Ö	E	C	P	T	O	K	V	Ä	Ä	G	W	B	Y	K	V	V
7	L	X	Y	V	Ä	B	E	R	I	C	H	T	S	H	E	F	T
8	C	X	W	G	T	I	L	O	R	F	P	Ö	C	Z	O	B	Ä
9	N	B	K	H	Ä	B	X	F	Ö	S	S	O	B	W	Y	U	W
10	J	C	Y	Ä	K	B	B	X	R	S	D	Z	S	F	N	A	U

1.2 Mit dem Einstellen eines Auszubildenden übernimmt ein Ausbildungsbetrieb eine große Verantwortung. In den Wörterschlangen sind die Pflichten des Ausbildenden versteckt. Notieren Sie die Pflichten in der unten stehenden Tabelle.

AUSBILDUNGSMITTELAUSBILDUNGSPFLICHTFÜRSORGEPFLICHT

SOZIALVERSICHERUNGPRÜFUNGSANMELDUNGZEUGNISAUSSTELLUNG

ENTGELTFORTZAHLUNGVERGÜTUNGFREISTELLUNGSPFLICHTURLAUB

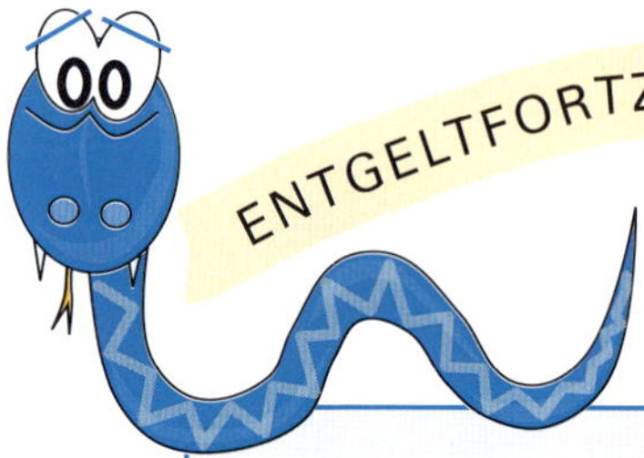

Pflichten des Ausbildenden	

2. Bearbeiten Sie die folgenden Fälle zum Ausbildungsverhältnis und kreuzen Sie die richtige(n) Lösung(en) an.

2.1 Joshua ist 15 Jahre und 6 Monate alt. Der Mindesturlaub für ihn beträgt ...

27 Werktage	
28 Werktage	
30 Werktage	

2.2 Die Probezeit für ein Ausbildungsverhältnis kann betragen:

2 Wochen	
4 Wochen	
16 Wochen	

2.3 Ein Ausbildungsverhältnis endet ...

... durch mündliche Kündigung.	
... durch schriftliche Kündigung.	
... niemals.	

2.4 Die Führung eines Berichtsheftes beinhaltet ...

... die eingehaltenen Pausen.	
... den Ablauf der Ausbildung.	
... die Urlaubs- und Schultage.	

2.5 Alina ist noch minderjährig. Sie möchte in zwei Monaten eine Ausbildung beginnen. Der Vertrag muss nur noch unterschrieben werden.

Nur Alina muss unterschreiben.	
Nur die Eltern oder ein Elternteil von Alina müssen unterschreiben.	
Alina und ihre Eltern bzw. ein Elternteil müssen unterschreiben.	

Schulbuch Kap. 2

2 Jugendarbeitsschutzvorschriften anwenden

Situation:

Kevin (16) und Lisa (17) sind Auszubildende im ersten und zweiten Ausbildungsjahr bei der Nabek GmbH. In der Frühstückspause treffen sie sich regelmäßig in der Kantine, um neue Informationen auszutauschen.

Nabek GmbH
NACHHALTIGE BEKLEIDUNG

Kevin: Ich war heute Morgen wieder viel zu spät dran und habe meinen Bus verpasst. Könnte ich später anfangen, wäre das Problem gelöst.

Lisa: Ja, dann musst du aber auch länger arbeiten.

Kevin: Dazu habe ich keine Lust. Ich würde halt kürzer Pause machen. 20 Minuten Mittagspause würden mir völlig ausreichen. Oder ich könnte auch mal einen Tag in der Woche bis spät abends arbeiten, um so wieder alle Stunden nachzuholen.

Lisa: Und wie machst du das dann an deinen Berufsschultagen?

Kevin: Ich habe sowieso nur 6 Stunden. Nachmittags kann ich mich dann noch mal aufs Ohr hauen.

Lisa: Ach ja, ich bräuchte auch dringend Urlaub. Aber ich bekomme keinen Urlaub, solange noch Schule ist, erst in den Ferien.

Kevin: Das geht ja gar nicht. Du kannst auf jeden Fall auch außerhalb der Schulzeit Urlaub bekommen.

Lisa: Das wäre geschickt – und zur Erstuntersuchung muss ich auch noch.

Kevin: Du bist doch schon im zweiten Ausbildungsjahr. Ist das nicht viel zu spät?

Lisa: Wieso?

Arbeitsauftrag:

In Deutschland werden jugendliche Beschäftigte in Unternehmen durch das Jugendarbeitsschutzgesetz geschützt.

Information

In Deutschland ist der Arbeitsschutz gesetzlich geregelt. Doch das war nicht immer so.

Die Anfänge des Arbeitsschutzes führen zurück in die Zeit der Industrialisierung im 19. Jahrhundert. Da damals für die Tätigkeiten in Fabriken keine besondere Ausbildung notwendig war, wurden auch Kinder eingestellt. Am 9. März 1839 schränkte der preußische König Friedrich Wilhelm III. die Kinderarbeit ein, indem er ein Gesetz zum Arbeitsschutz verabschiedete.

Beurteilen Sie die Aussagen aus dem Dialog zwischen Kevin und Lisa vor dem Hintergrund der Regelungen des Jugendarbeitsschutzgesetzes. Nennen Sie dazu jeweils den entsprechenden Paragrafen aus dem Jugendarbeitsschutzgesetz (JArbSchG).

1. Regelung Arbeitsbeginn/Arbeitsende:

§ ____ **JArbSchG:** ____________________

____

____

____

____

2. Regelung tägliche Arbeitszeit:

§ ____ **JArbSchG:** ____________________

____

____

____

____

3. Regelung Pausen:

§ ____ **JArbSchG:** ____________________

____

____

____

____

4. Regelung Berufsschultage:

§ ____ **JArbSchG:** ____________________

____

____

____

____

5. Regelung Urlaub:

§ ____ JArbSchG: ______________________________

____

____

____

____

6. Regelung Erstuntersuchung:

§ ____ JArbSchG: ______________________________

____

____

____

____

3 Die Bedeutung von Tarifverträgen beurteilen

Situation:

Lisa liest im Internet, dass die Tarifverhandlungen für den neuen Tarifvertrag für den Großhandel nach einigen Warnstreiks kurz vor dem Abschluss stehen.

Hinsichtlich der Gehälter der Angestellten soll eine Erhöhung von 5,5 % und bei den Ausbildungsvergütungen eine einmalige Sonderzahlung in Höhe von 120,00 EUR sowie ein Anstieg um 1,6 % durchgesetzt werden. Zudem soll es ein Jahr nach Inkrafttreten der erzielten Vereinbarung für die Großhandelsbeschäftigten eine weitere Erhöhung der Entgelte in Höhe von 2,1 % geben. Die Gesamtlaufzeit des Tarifvertrages soll drei Jahre betragen.

Lisa sagt sich: *„Das ist ja klasse, dann kann ich mir endlich eine eigene Wohnung leisten. Ich hoffe, dass diese Regelungen auch noch nach meiner Ausbildung für mich Bestand haben."*

Neben dem Zeitungsartikel zu den Tarifverhandlungen ist die oben stehende Karikatur abgebildet."

Arbeitsaufträge:

1. Beschreiben Sie den Inhalt, den die Karikatur ausdrücken möchte.

2. Erklären Sie, welches Problem aus dem Wirtschaftsleben der Zeichner der Karikatur darstellt.

3. Erläutern Sie, auf welche Weise ein Interessenausgleich herbeigeführt werden kann.

4. Erläutern Sie die Begriffe Tarifvertrag und Allgemeinverbindlichkeit.

	Erläuterungen
Tarifvertrag	
Allgemeinverbindlichkeit	

5. Die Arbeitgeber und die Gewerkschaften vereinbaren eine Regelung über die Entgeltfortzahlung im Krankheitsfall.

   Nennen Sie die Tarifvertragsart, in welcher eine solche Regelung steht. ______________________

6. Stellen Sie jeweils zwei Vorteile, die die Tarifverträge für Arbeitnehmer und Arbeitgeber bringen, dar.

Vorteile für den Arbeitnehmer	Vorteile für den Arbeitgeber
➤	➤
➤	➤

7. Erläutern Sie, wie sich der Lohn in einer Wirtschaft bilden würde, in der es keine Gewerkschaften und Arbeitgeberverbände gibt.

8. Unterscheiden Sie die Begriffe Streik und Aussperrung.

Streik	Aussperrung

9. Der neue Lohntarifvertrag im Einzelhandel sieht eine Gehaltssteigerung von 2,5 % vor.

Aufgaben:

9.1 Nennen Sie die Voraussetzungen, unter welchen ein Unternehmen seinen Mitarbeitern 2,5 % mehr Gehalt zahlen muss.

9.2 Prüfen Sie, ob alle Mitarbeiter Anspruch auf die 2,5 %ige Gehaltserhöhung haben.

10. Der arbeitslose Facharbeiter Bernd Loss ist in keiner Gewerkschaft. Er erhält von der Karin Widmann KG einen Arbeitsvertrag, den er annimmt. Der Lohn liegt 125,00 EUR monatlich unter dem Tariflohn. Die Karin Widmann KG ist im Arbeitgeberverband. Prüfen Sie, ob ein rechtsgültiger Vertrag zustande gekommen ist.

Schulbuch
Kap. 4

4 Regelungen zur betrieblichen Mitbestimmung berücksichtigen

Situation:

Lisa und Kevin sind heute wieder in der Berufsschule. Der Lehrer verteilt einen aktuellen Artikel aus der Tageszeitung:

TAGESZEITUNG

23.10.20..

Im Kaufhaus Becker KG in Frankfurt haben sich der Geschäftsführer Klaus Werner Beister und sein Betriebsrat nach fast dreiwöchigen Nervenkrieg auf die neuen Arbeitszeiten und die Überstundenregelung geeinigt. Seit Dienstagabend sind nach Angaben der Gewerkschaft alle Verträge unterzeichnet, für die sich das Personal im Hinblick auf die neuen Öffnungszeiten und die ausgehandelten Prämien eingesetzt hat.

Die knapp 80 Beschäftigten des Kaufhauses Becker KG am Sizilienplatz in Frankfurt mussten eine Reihe von Zugeständnissen hinsichtlich der neuen Arbeitszeiten eingehen. Bisher wurde in Frankfurt in der Zeit von montags bis samstags von 8:00 bis 20:00 Uhr gearbeitet. Nun sollten die Ladenöffnungszeiten verlängert und von Donnerstag- bis Samstagabend bis 22:00 Uhr für die Kunden geöffnet werden. Viele Mitarbeiter waren sehr aufgebracht und haben sich beim Betriebsrat mit der Begründung beschwert, dass ihr Familienleben nun stark beeinträchtigt wird.

Die Regelung von Beginn und Ende der täglichen Arbeitszeit einschließlich der Pausen sowie der Prämien und die Verteilung der Arbeitszeit auf die einzelnen Wochentage ist mitbestimmungspflichtig, erläutert die Betriebsratsvorsitzende des Kaufhauses, Bettina Weigner, rückblickend. Unser Einsatz habe sich gelohnt, so Weigner weiter, man habe bei den Prämien das Dreifache dessen erreicht, was der Arbeitgeber am Anfang der Verhandlungen angeboten habe. Darüber hinaus wurde eine Arbeitszeitregelung vereinbart, die die persönliche Situation der Mitarbeiter berücksichtigt.

Wichtig sei für die Belegschaft in erster Linie, dass ein friedliches und für beide Seiten erfreuliches Ergebnis erzielt wurde.

Lesen Sie den Artikel und helfen Sie Lisa und Kevin bei der Beantwortung der folgenden Aufgaben.

Arbeitsaufträge:

1. Nennen Sie die Erfolge, die der Betriebsrat des Kaufhauses Becker KG nach den Verhandlungen mit der Geschäftsleitung vermelden konnte.

2. Nennen Sie jeweils zwei Gründe für und gegen die betriebliche Mitbestimmung.

Gründe für die betriebliche Mitbestimmung	Gründe gegen die betriebliche Mitbestimmung
➤ ____________________	➤ ____________________
____________________	____________________
➤ ____________________	➤ ____________________
____________________	____________________

3. Ein Kollege fragt ein Betriebsratsmitglied: „Habe ich als einzelner Arbeitnehmer auch Mitbestimmungsrechte?". Antworten Sie für das Betriebsratsmitglied.

____

____

____

4. Die Textilgroßhandlung Ritz KG beschäftigt 28 Mitarbeiter. Die Mitarbeiter beschließen, einen Betriebsrat zu wählen.

4.1 Nennen Sie das Gesetz, in welchem sich die Regelungen zur Wahl des Betriebsrats befindet. ____________________

4.2 Begründen Sie, ob sich die Geschäftsinhaberin dem Wunsch der Belegschaft widersetzen kann.

____

____

____

____

5. Geben Sie für das Beratungsrecht und das Mitbestimmungsrecht des Betriebsrats jeweils zwei Beispiele an.

Beratungsrecht	Mitbestimmungsrecht
➤ ____________________	➤ ____________________
____________________	____________________
➤ ____________________	➤ ____________________
____________________	____________________

Schulbuch Kap. 8.2

5 Die Stellung des Betriebs in der arbeitsteiligen Wirtschaft untersuchen

Situation:

Heinrich KG
Büromöbel und Zubehör

Sonja Schneider hat eine Ausbildung zur Kauffrau für Büromanagement bei der Heinrich KG begonnen. Heute ist sie sehr aufgeregt. Die geschäftsführende Gesellschafterin der Heinrich KG, Gerda Heinrich, rief gestern höchstpersönlich bei ihr in der Personalabteilung an, um sich mit ihr für den heutigen Tag zu verabreden. Frau Gehrke konnte Sonja beruhigen: *„Das ist nichts Ungewöhnliches. Frau Heinrich möchte stets wissen, was in ihrem Unternehmen vor sich geht. Daher ist sie bemüht, möglichst jeden neuen Auszubildenden der Heinrich KG in den ersten Tagen zumindest kurz kennenzulernen."*

In der Tat ist Sonjas Nervosität unbegründet. Gerda Heinrich zeigt sich im Gespräch sehr freundlich und aufgeschlossen. Sie fragt nicht nur nach, wie Sonja nun die ersten Tage bei der Heinrich KG gefallen haben, sie erklärt auch einige Hintergründe, die Sonja so noch nicht in den Blick genommen hat.

So erklärt sie Sonja z. B., von wie vielen Akteuren der Erfolg des Unternehmens abhängt. Dabei führt sie zunächst an, wie wichtig es für die Zukunft des Unternehmens sei, auch in den nächsten Jahren hinreichend motivierte und gut ausgebildete Fachkräfte zu bekommen. Nicht umsonst investiere das Unternehmen sehr viel Geld in die Ausbildung der Mitarbeiter, da ohne sie der Erfolg der vergangenen Jahre so nicht möglich gewesen wäre.

Als wichtige Partner bezeichnet Gerda Heinrich zudem die Banken, die das Unternehmen seit der Existenzgründung vor etwa fünfzehn Jahren begleiten. Sie weist vor allem darauf hin, dass es dem Unternehmen ohne die Finanzierung durch die Banken gar nicht möglich gewesen wäre, notwendige Investitionen im Maschinenpark durchzuführen. Schließlich habe das Unternehmen durch die Absatzsteigerungen in den Anfangsjahren nicht nur neu investieren müssen, auch der vermehrte Material- und Lohnaufwand musste finanziell bewältigt werden. Außerdem musste die Heinrich KG neue Fertigungshallen pachten, um die eingehenden Aufträge zeitnah bearbeiten zu können.

Sorge bereitet Gerda Heinrich der aktuelle Preiskampf in der Büromöbelbranche. Viele der Mitbewerber lieferten sich eine regelrechte Rabattschlacht, wodurch wiederum ein hoher Druck seitens der Geschäfts- und Privatkunden auf die Heinrich KG ausgeübt werde. So sei die Erwartungshaltung zunehmend so, dass alles zum günstigsten Preis in bester Qualität in kürzester Zeit lieferbar sein müsse. Natürlich versuche man dann, die Kompromisse, die das Unternehmen beim Verkaufspreis machen muss, beim Einkauf der Werkstoffe und Waren wieder auszugleichen

Arbeitsaufträge:

1. Nennen Sie die von Frau Gerda Heinrich genannten Akteure, die das komplexe Betriebsgeschehen der Heinrich KG beeinflussen.

➤ ______________________________

➤ ______________________________

➤ ______________________________

➤ ______________________________

➤ ______________________________

2. Beschreiben Sie die in der Situation aufgezeigten Beziehungen der Wirtschaftssubjekte untereinander.

3. Beschreiben Sie anhand der zwei folgenden Beispiele, wie sich veränderte Aktivitäten eines Akteurs auf die Heinrich KG auswirken.

	Beispiele	Auswirkungen auf die Heinrich KG
1	Die Banken stellen der Heinrich KG keine ausreichenden Kredite mehr zur Verfügung.	
2	Die Mitbewerber der Heinrich KG führen ihren Preiskampf fort.	

4. Die Heinrich KG ist als Unternehmen Teil des Wirtschaftskreislaufs mit Geldströmen und Güterströmen. Ordnen Sie die folgenden Vorgänge entsprechend den Kennziffern zu und zeichnen Sie die Geldströme mit einer durchgehenden Linie und die Güterströme mit einer gestrichelten Linie in Material 1 ein.

Vorgänge:

1. Die Heinrich KG zahlt an ihre Mitarbeiter für die geleistete Arbeit Löhne und Gehälter.
2. Die Mitarbeiter beziehen von der Heinrich KG für private Zwecke Büromöbel und Zubehör.
3. Ein Teil des Gewinns wird von der Sparkasse Hamburg mit 4 % verzinst.
4. Für Investitionen vergibt die Bank Kredite an die Heinrich KG.

Material 1: Vorlage Wirtschaftskreislauf

Haushalte
(z. B. Mitarbeiter der Heinrich KG)

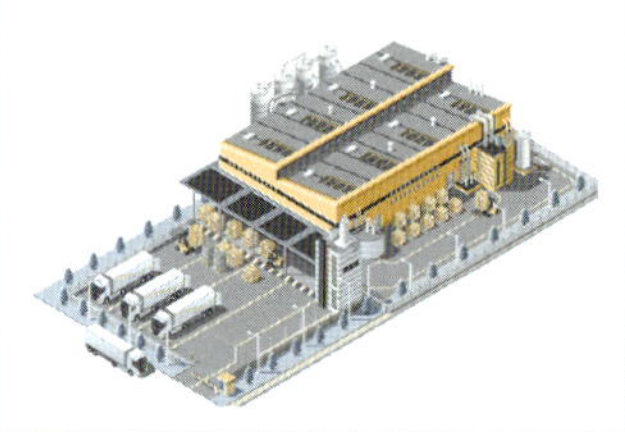

Unternehmen
(z. B. Heinrich KG)

Banken

5. Erklären Sie die nachfolgenden Begriffe:

Begriffe	Erläuterungen
Unternehmen	
private Haushalte	

Begriffe	Erläuterungen
Einkommen	
Konsum	
Verkaufserlöse	
Geldstrom	
Güterstrom	

6. Im Wirtschaftskreislauf gibt es einen Geld- und einen Güterstrom. Kreuzen Sie an, welcher der folgenden Geschäftsvorgänge einen Geldstrom darstellt.

1	Die Heinrich KG installiert im Büro eine neue Software.	
2	Der Großhändler liefert Handelswaren an.	
3	Die Heinrich KG schickt Handelswaren zurück.	
4	Ein Kunde bezahlt eine Rechnung.	
5	Die Heinrich KG liefert einen gekauften Fernseher an den Kunden aus.	

6 Unternehmensziele aus einem Unternehmensleitbild ableiten

Schulbuch Kap. 9

Situation:

Die Heinrich KG hat folgendes Unternehmensleitbild formuliert (Auszüge):

Heinrich KG
Büromöbel und Zubehör

1. Was wir sind

Wir sind ein mittelständisches Unternehmen, das mit seiner Herstellung und dem Vertrieb von Büromöbeln einen hervorragenden Ruf über die nationalen Grenzen hinaus genießt. Es ist unsere Absicht, diesen Ruf im Interesse unserer Kunden und Mitarbeiter weiter auszubauen.

Unser handwerkliches und technisches Know-how werden wir auch in Zukunft nutzen, um unsere Marktstellung zu festigen.

2. Was wir wollen

Um in der Zukunft erfolgreich sein zu können, wollen wir die Erfahrungen unserer Mitarbeiter nutzen und unser Wissen ständig verbessern. Wir wollen mit unseren Produkten ein führender Hersteller von Büromöbeln sein. Wir bauen unsere Marktstellung aus. Auf neue Märkte gehen wir nur, wenn dies mit unserer Unternehmensphilosophie übereinstimmt.

3. Unsere Kundenphilosophie

Das Unternehmen lebt von den Aufträgen unserer Kunden. Wir sind uns bewusst, dass unsere Angebote erst dann zu lohnenden Aufträgen werden, wenn wir die Bedürfnisse der Kunden besser befriedigen als unsere Mitbewerber. Diese Bedürfnisse zu ergründen und Maßnahmen zu ihrer Befriedigung zu ergreifen ist eine unserer Hauptaufgaben.

Unser Streben nach absolut fehlerfreier Qualität soll Kundenreklamationen überflüssig machen. Mögliche Mängelrügen unserer Kunden behandeln wir großzügig und kulant.

4. Unternehmenswachstum

Wir wollen schneller wachsen als die Mitbewerber.

5. Personalpolitik

Unsere Personalpolitik beruht auf der Überzeugung, dass ein Unternehmen nur so gut wie seine Mitarbeiter ist. Sind diese engagiert, flexibel, sachkundig und erfolgreich, dann ist auch das ganze Unternehmen leistungsfähig und erfolgreich. Unsere Mitarbeiter haben am Erfolg des Unternehmens teil. Ihre Arbeitsplätze sollen aufgrund ihrer Leistungen sicher sein. Die Arbeitsplätze sind ansprechend zu gestalten und sie dürfen keine Gefährdung für die Arbeitskräfte darstellen. Die individuelle Leistung ist anzuerkennen.

6. Gesellschaftliche Verantwortung

Wir betrachten uns als Teil der Region, in der wir produzieren, und fühlen uns mit ihr eng verbunden. Als Bürger ihrer Region können und sollen unsere Mitarbeiter z. B. in Vereinen, Kirchen, Parteien, Schulen, städtischen und karitativen Einrichtungen mitwirken.

Gegenüber unseren Kunden, Lieferern, Kreditgebern und Mitbewerbern verhalten wir uns fair. Unsere Zulieferer müssen eine Chance haben, ihrerseits Gewinne zu erzielen.

7. Verantwortung gegenüber der natürlichen Umwelt

Produktionsbedingte Belastungen der Umwelt mit Lärm, Abgasen und Abwasser müssen durch entsprechende Maßnahmen auf dem niedrigstmöglichen Niveau gehalten werden.

Wir streben einen Umweltschutz an, der alle Vor- und Folgestufen des gesamten Produktionsprozesses – von der Beschaffung, der Lagerung, der Herstellung, dem Verkauf, der Verteilung bis zur Entsorgung der Abfälle umfasst.

8. Verpflichtung gegenüber dem eigenen Unternehmen

Unser oberstes Ziel ist die Erhaltung und Weiterentwicklung unseres Unternehmens, um die Arbeitsplätze zu sichern und das eingesetzte Kapital zu erhalten und zu mehren. Dieses Ziel kann nur erreicht werden, wenn das Unternehmen einen ausreichenden Gewinn erwirtschaftet.

Der Gewinn muss so groß sein, dass die zur Erreichung der Unternehmensziele erforderlichen Ersatz- und Erneuerungsinvestitionen durchgeführt werden können und das von den Gesellschaftern eingesetzte Kapital eine angemessene Verzinsung erhält.

Als mittelständisches Unternehmen gehen wir keine Risiken ein, die die Existenz des Unternehmens gefährden können.

Arbeitsaufträge:

1. Arbeiten Sie heraus, welche Unternehmensziele sich jeweils aus den zitierten Unternehmensleitsätzen (Nr. 1 bis 8) der Heinrich KG vorrangig ableiten lassen.

   Beschreiben Sie kurz die Ziele und ordnen Sie ihnen jeweils die Art des angestrebten Erfolgs (ökonomisch, ökologisch, sozial) zu. Beachten Sie, dass für einige Ziele mehrere Zielarten infrage kommen können.

Nr.	Beschreibung des Unternehmensziels	Unternehmensziele: ökonomisch, ökologisch, sozial?
1		
2		
3		
4		
5		
6		
7		
8		

2. Notieren Sie, welche Formulierung den Begriff Wirtschaftlichkeit richtig beschreibt.

1	Wirtschaftlichkeit bedeutet, dass der größte Umsatz mit den geringsten Kosten erwirtschaftet wird.	
2	Bei Wirtschaftlichkeit werden die Leistungen zu den Kosten in Beziehung gesetzt.	
3	Bei Wirtschaftlichkeit werden die Kosten zum erzielten Umsatz in Beziehung gebracht.	

3. Erklären Sie, weshalb sich die Mitarbeiter der Heinrich KG eine hohe Rentabilität ihres Unternehmens wünschen.

4. Notieren Sie, welche(s) der nachgenannten Ziele zu den ökonomischen Zielen, den ökologischen Zielen, den sozialen Zielen gehören (gehört).

1	Rentabilität	
2	Nachhaltigkeit	
3	Mitbestimmung	
4	Umweltverträgliche Produkte	

7 Informationen aus einem Organigramm entnehmen

Situation:

Sonja Schneider hat offenbar in dem Gespräch mit Gerda Heinrich einen guten Eindruck hinterlassen. So erklärt sie sich zumindest, dass Frau Heinrich sie nach Rücksprache mit Frau Gehrke mit einer recht speziellen Aufgabe betraut: Für die Erstellung einer Präsentation soll Sonja nach betriebsinternen Informationen recherchieren. So soll sie u. a. Folgendes ermitteln:

Heinrich KG
Büromöbel und Zubehör

Informationen ...

(1) zu den drei Kunden, mit denen die Heinrich KG derzeit die höchsten Umsätze erzielt.
(2) zum Anfangsgehalt eines Auszubildenden, der seine Abschlussprüfung bestanden hat.
(3) zum aktuellen Lagerbestand der Heinrich KG an produzierten Rollcontainern.
(4) zu den Beschäftigten der Heinrich KG, die „im eigenen Hause" ausgebildet wurden.
(5) zum Produktspektrum der Heinrich KG an höhenverstellbaren Holzmöbeln.
(6) zu den Kosten der Entsorgung von Altmöbeln in den letzten fünf Jahren.
(7) zum Firmennamen des Lieferanten, bei dem die Heinrich KG im vergangenen Jahr wertmäßig am meisten eingekauft hat.

Sonja möchte ihre Sache möglichst gut machen und überlegt nun, wie sie am besten vorgehen soll...

Arbeitsauftrag:

Nutzen Sie das Organigramm der Heinrich KG (Material 1) um zu ermitteln, welcher Mitarbeiter als Anlaufstelle für die Informationsbeschaffung jeweils infrage kommt. Beachten Sie, dass Sonja für die Beschaffung bestimmter Informationen eventuell auf mehrere Ansprechpartner zugehen muss.

Information	Ansprechpartner in der Heinrich KG
(1)	
(2)	
(3)	
(4)	
(5)	
(6)	
(7)	

Material 1: Organigramm der Heinrich KG

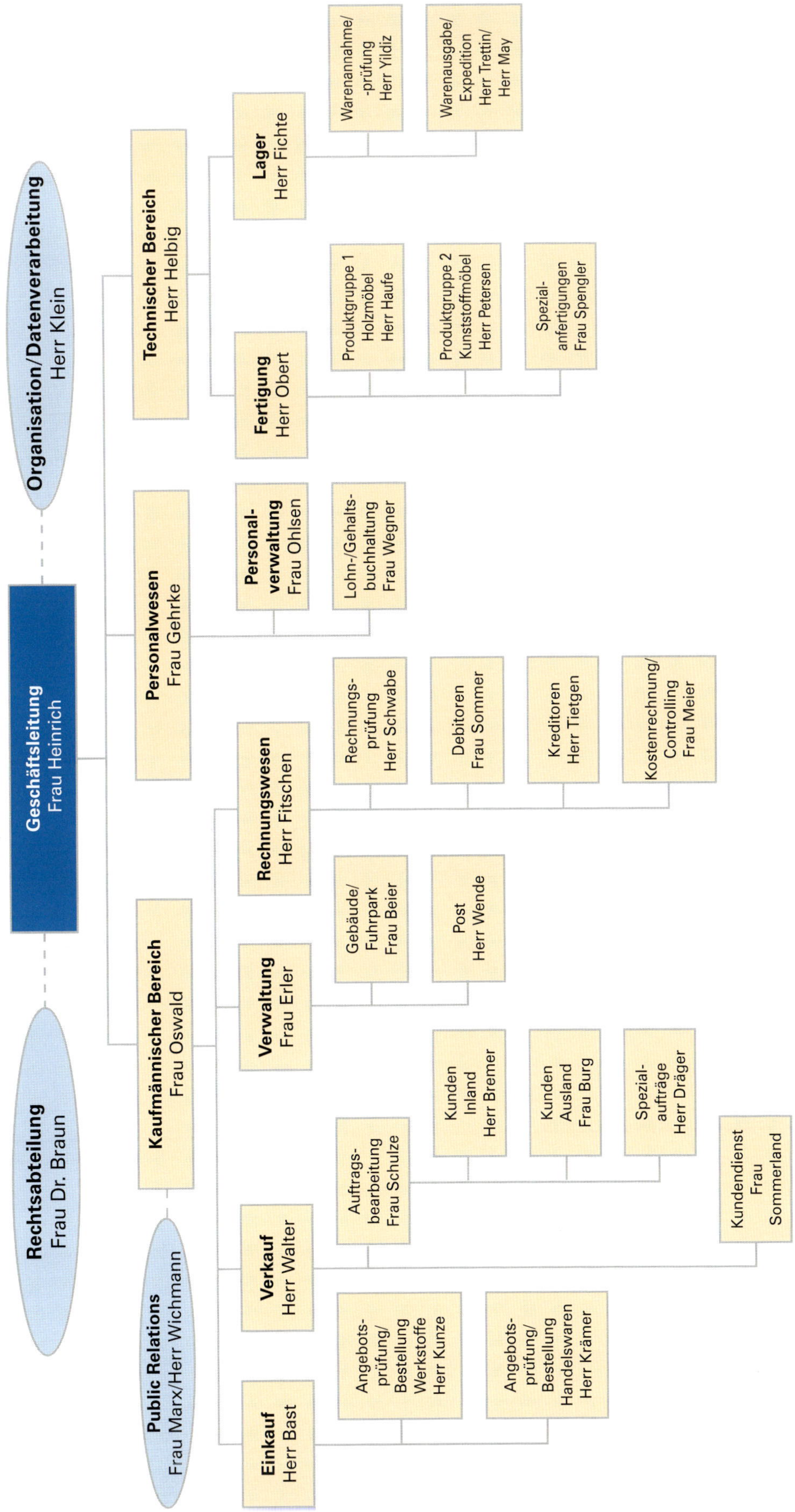

8 Befugnisse und Verantwortung auf Mitarbeiter überragen

Situation:

Frau Wegner ist bei der Heinrich KG verantwortlich für die Lohn- und Gehaltsbuchführung. Kurz bevor sie sich in den Feierabend verabschiedet, beauftragt sie Sonja Schneider, einen Geschäftsbrief möglichst schnell auf den Postweg zu bringen. *„Lesen Sie ihn besser noch mal durch und prüfen Sie, ob mir da kein Rechtschreibfehler unterlaufen ist, es musste eben sehr schnell gehen“*, sagt Frau Wegner – und weg ist sie.

Heinrich KG
Büromöbel und Zubehör

In dem Brief geht es darum, dass die Heinrich KG das Angebot einer Zeitarbeitsfirma zur Überlassung eines Arbeitnehmers annimmt. Sonja entdeckt beim genauen Lesen in der Tat einen ärgerlichen Flüchtigkeitsfehler. *„So können wir das nicht wegschicken“*, denkt Sonja, *„was hinterlässt denn das für einen Eindruck! Ich könnte natürlich den Fehler korrigieren und den Brief noch mal neu ausdrucken, aber dann fehlt mir ja die Unterschrift von Frau Wegner…“*

Sonja hat bisher in ihrer Ausbildung bei der Heinrich KG noch keine Geschäftsbriefe unterschrieben und ist unsicher, ob sie das überhaupt schon darf. Glücklicherweise kommt Frau Gehrke gerade zur Tür herein, sodass Sonja ihr Problem schildern kann. *„Gut, dass du nachfragst, Sonja. Wenn jeder Mitarbeiter alles unterschreiben dürfte, würde es intern und vor allem extern vermutlich ein heilloses Durcheinander geben.“* Frau Gehrke beauftragt Sonja, sich über die unterschiedlichen Vollmachten im Handelsrecht zu informieren und zu klären, ob und gegebenenfalls wie sie den Geschäftsbrief unterschreiben darf.

Arbeitsaufträge:

1. Informieren Sie sich über die unterschiedlichen Arten der handelsrechtlichen Vollmachten und ergänzen Sie die nachfolgende Übersicht.

   Verdeutlichen Sie dabei die Arten der Handlungsvollmacht jeweils an einem konkreten Beispiel aus der Heinrich KG.

Handelsrechtliche Vollmachten
Handlungsvollmacht
➤ **Allgemeine Handlungsvollmacht:** Berechtigung zur Ausführung aller ________________ Geschäfte, die im Geschäftszweig des Handelsgewerbes vorkommen. **Beispiel:**
➤ **Artvollmacht:** Berechtigung zur Vornahme einer ________________ Art von Rechtsgeschäften, die alltäglich in dem Handelsgewerbe dieses Geschäftszweiges vorkommen. **Beispiel:**
➤ **Einzelvollmacht:** Berechtigung zur Vornahme eines ________________ zu einem Handelsgewerbe gehörigen Rechtsgeschäfts. **Beispiel:**

Prokura
➤ **Einzelprokura:** Der Prokurist ist ______________ vertretungsberechtigt.
➤ **Gesamtprokura:** Mehrere Prokuristen sind nur ______________ vertretungsberechtigt (Zweck: gegenseitige Kontrolle).
➤ **Filialprokura:** Die Prokura ist hierbei auf eine ______________ Filiale (Niederlassung) beschränkt.

2. Informieren Sie sich zunächst über den Umfang der Prokura im Vergleich zur allgemeinen Handlungsvollmacht und kreuzen Sie in der nachfolgenden Tabelle an, welche rechtsgeschäftlichen Handlungen dem Prokuristen und welche dem Handlungsbevollmächtigten nach den gesetzlichen Vorschriften **nicht** erlaubt sind!

Rechtsgeschäftliche Handlung	Prokurist	Handlungs-bevollmächtigter
Grundstücke kaufen		
Firma ändern oder löschen		
Prokura erteilen		
Ohne besonders erteilte Befugnis ein Grundstück belasten		
Gesellschafter aufnehmen		
Darlehen aufnehmen		
Unternehmen verkaufen		
(Rechts-)Geschäfte abschließen, die das Unternehmen gewöhnlich mit sich bringt		
Für den/die Gesellschafter einen Eid leisten		
Eintragungen in das Handelsregister beantragen		
Allgemeine Handlungsvollmacht erteilen und übertragen		
Insolvenzverfahren beantragen		
Prozesse im Namen des Unternehmens führen		
Unternehmen auflösen		
Bürgschaften eingehen		
Ohne besonders erteilte Befugnis ein Grundstück verkaufen		
Bilanzen und Steuererklärungen der Geschäftsinhaber unterschreiben		

3. Füllen Sie den folgenden Lückentext zu den Formvorschriften der Vollmachtserteilung aus.

Formvorschriften der Vollmachtserteilung

Die ______________________ kann vom Geschäftsinhaber oder Prokuristen erteilt werden. Dies kann formlos, entweder ausdrücklich (mündlich, schriftlich) oder auch durch ______________________ erfolgen. Die Vollmacht wird nicht in das Handelsregister eingetragen.

Jeder Bevollmächtigte kann innerhalb seiner Vollmacht ______________________ erteilen. So kann z. B. der Angestellte mit allgemeiner Handlungsvollmacht Artvollmacht und der Mitarbeiter mit Artvollmacht Einzelvollmacht erteilen.

Die ______________ kann nur von einem Unternehmer bzw. Geschäftsführer, Vorstand oder gesetzlichen Vertreter ausdrücklich erteilt werden. Diese Erklärung sollte schriftlich abgefasst werden, da die Prokura ______________________ eingetragen und die Unterschrift dort hinterlegt wird.

Im ______________ beginnt die Prokura mit der Erteilung. Im ______________ beginnt die Prokura, wenn ein Dritter Kenntnis davon hat oder wenn sie ______________________ eingetragen und bekannt gemacht ist. Sie hat dann ______________________ (= rechtsbezeugende) Wirkung und keine ______________________ (= rechtserzeugende) Wirkung.

➤ ______________________ unterschreiben mit einem Zusatz, der das Vollmachtsverhältnis ausdrückt.

Üblich sind folgende Formen:

i. A. = ______________

i. V. = ______________ oder ______________

➤ ______________ unterschreiben mit einem Zusatz, der die ______________ erkennen lässt.

Üblich sind folgende Formen:

ppa. = ______________

pp. = ______________

4. Klären Sie die Ausgangssituation: Darf Sonja Schneider den Brief anstelle von Frau Wegner unterschreiben? Begründen Sie Ihre Einschätzung.

9 Eine Präsentation mithilfe einer Präsentationssoftware vorbereiten, durchführen und auswerten

Schulbuch Kap. 12

Situation:

Für die Gesellschafterversammlung der Heinrich KG wird eine neue Präsentation benötigt. Gerda Heinrich, die geschäftsführende Gesellschafterin der Heinrich KG, schreibt aus diesem Grund Herrn Klein, den Stabsstellenleiter der EDV, per E-Mail an.

Heinrich KG
Büromöbel und Zubehör

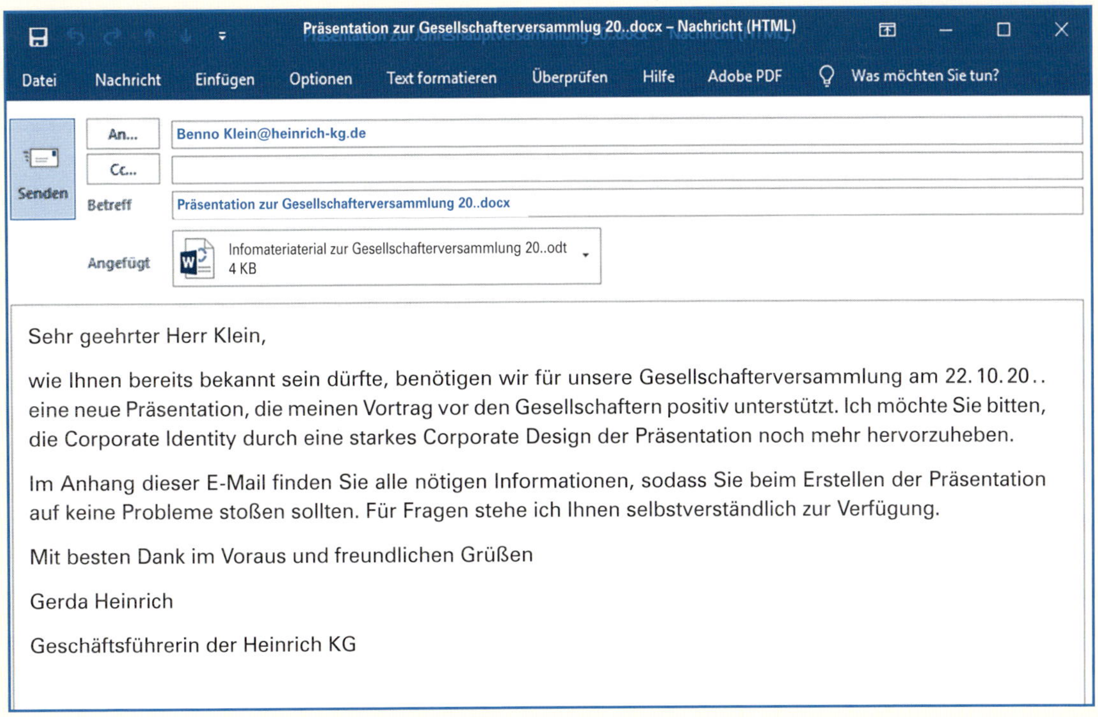

Sehr geehrter Herr Klein,

wie Ihnen bereits bekannt sein dürfte, benötigen wir für unsere Gesellschafterversammlung am 22.10.20.. eine neue Präsentation, die meinen Vortrag vor den Gesellschaftern positiv unterstützt. Ich möchte Sie bitten, die Corporate Identity durch eine starkes Corporate Design der Präsentation noch mehr hervorzuheben.

Im Anhang dieser E-Mail finden Sie alle nötigen Informationen, sodass Sie beim Erstellen der Präsentation auf keine Probleme stoßen sollten. Für Fragen stehe ich Ihnen selbstverständlich zur Verfügung.

Mit besten Dank im Voraus und freundlichen Grüßen

Gerda Heinrich

Geschäftsführerin der Heinrich KG

Beim Öffnen und Lesen der E-Mail muss Herr Klein schmunzeln. *„Jedes Jahr dieselbe E-Mail. Ich ändere ein paar Farben und schiebe das Logo in eine andere Ecke und gut ist. Viel wichtiger wäre es doch, dass sie sich endlich mal besser vorbereitet und nicht immer alles abliest, was ich ihr als Stichpunkte auf die Folien schreibe."*

Arbeitsaufträge:

Hinweis:
Berücksichtigen Sie bei der Bearbeitung der folgenden Arbeitsaufträge den Auszug aus dem „Lexikon für Büromanagement" (Material 1).

1. Mithilfe einer geeigneten Präsentationssoftware lassen sich in relativ kurzer Zeit Präsentationen erstellen, die einen Vortrag sinnvoll unterstützen können. Beim Erstellen einer solchen Präsentation sind folgende **4 Punkte** von besonderer Bedeutung:
   - Inhalt,
   - Gestaltung,
   - technische Kenntnisse und Ausstattung,
   - Kommunikation.

1.1 Inhalt

Der Inhalt wird mithilfe einer Präsentationssoftware, wie beispielsweise Microsoft PowerPoint, aufbereitet und präsentiert. Dabei haben die einzelnen Phasen innerhalb einer Präsentation Auswirkungen auf den Inhalt. Im Allgemeinen sollte eine Präsentation **3 Phasen** durchlaufen:

- Einstiegsphase,
- Informationsphase und
- Abschlussphase.

Nennen Sie wesentliche Punkte, die bezogen auf den Inhalt beachtet werden müssen.

Einstiegsphase
Beispiel: Struktur offenlegen

↓

Informationsphase
Beispiel: Niveau der Zielgruppe beachten

↓

Abschlussphase
Beispiel: Zusammenfassung

1.2 **Gestaltung**

Eine Präsentation muss von der **Gestaltung** bzw. dem **Design** passend zum Inhalt sein.

Beispiel:
Bei einer Präsentation über einen Fußballverein sollten die Vereinsfarben und das entsprechende Logo verwendet werden.

Es wird in diesem Zusammenhang von Corporate Design gesprochen.

1.2.1 Nennen Sie weitere gestalterische Möglichkeiten, die eine Präsentationssoftware bietet, um das Corporate Design zu verdeutlichen.

Corporate Design
➤ Farbwahl (Beispiel: Farben des Unternehmens wählen)
➤ Logo (Beispiel: Firmenlogo auf Masterfolie einbauen)
➤
➤
➤
➤
➤

1.2.2 Um das Corporate Design in einer Präsentation durchgängig zu gewährleisten, sollte bei einer Präsentationssoftware der Folienmaster verwendet werden.

Beschreiben Sie mit eigenen Worten die Vor- und Nachteile eines Folienmasters.

1.2.3 Sollte die Farbwahl nicht schon durch das Thema vorgegeben worden sein (Stichwort: Corporate Design), ist darauf zu achten, dass die Farben entsprechend ihrer Bedeutung eingesetzt werden.

Ordnen Sie den folgenden Farben die passende Bedeutung zu und ergänzen Sie bei Bedarf.

rot	Distanz & ______
gelb	Warm & ______
blau	Fröhlich & ______
grün	Rein & ______
schwarz	Glücklich & ______
orange	Hoffnung &
braun	Gemütlich & ______
weiß	Energie & ______
	______ ______

1.2.4 Der Spruch *„Ein Bild sagt mehr als 1000 Worte"* gilt auch für die Verwendung von Bildern, Grafiken, Videos oder Animationen in PowerPoint.

Erklären Sie, worauf bei der Auswahl von Bildern, Grafiken, Videos und Animationen für eine PowerPoint-Präsentation zu achten ist.

1.2.5 Neben dem Corporate Design einer Präsentation muss auch der sogenannte „Rote Faden" innerhalb der Präsentation sichtbar sein. Dieser lässt sich mithilfe von PowerPoint erkennbar machen.

Zeigen Sie skizzenhaft Möglichkeiten auf, den „Roten Faden" bzw. eine Struktur innerhalb einer Präsentation offenzulegen. Seien Sie kreativ!

Beispiel 1:

Einstiegsfolie:

Beispiel 2:

Einstiegsfolie:

Inhaltsfolie:

Inhaltsfolie:

Abschlussfolie:

Abschlussfolie:

1.3 **Technische Kenntnisse und Ausstattung**

Neben der Wahl der passenden Präsentationssoftware sollte auch der Umgang mit dieser beherrscht werden. Um eine Präsentation ordnungsgemäß durchführen zu können, wird bestimmte Hard- und Software benötigt.

Erstellen Sie eine kurze Checkliste über die benötigte Hard- und Software für eine Präsentation:

1.4 Kommunikation

Sobald eine Präsentation erstellt ist und alle technischen Fragen geklärt sind, kann es an das Einstudieren der Präsentation gehen. Hierbei spielt die Kommunikation beim Vortragen eine bedeutende Rolle.

Erstellen Sie eine Mindmap zum Thema „Verbale und non-verbale Kommunikation bei einer Präsentation mit PowerPoint“.

2. **Präsentationen erstellen**

   Erstellen Sie eine kurze Präsentation mit einer Präsentationssoftware Ihrer Wahl. Verwenden Sie im Idealfall den Folienmaster. Tauschen Sie Ihre fertige Präsentation mit Ihrem Nachbarn aus und geben Sie sich gegenseitig Tipps für die Verbesserung der Präsentationen. Bearbeiten Sie bei Bedarf Ihre Präsentation.

3. **Präsentation bewerten**

   Um eine Präsentation bewerten zu können oder auch um eine persönliche Rückmeldung zu einer Präsentation zu erhalten ist es ratsam, einen Bewertungs- oder Reflexionsbogen zu erstellen.

   Füllen Sie den vorgefertigten Bewertungs-/Reflexionsbogen aus. Tragen Sie die für Sie persönlich wichtigsten Bewertungs-/Reflexionsmerkmale ein. Überlegen Sie sich anschließend ein einheitliches Bewertungsraster bzw. eine -skala.

	Beschreibung	Bewertungsraster
Inhalt		
Gestaltung/Design		
Kommunikation		
technische Kenntnisse		

4. **Präsentation halten**

   Präsentieren Sie Ihre Präsentation der Klasse. Lassen Sie Ihre Präsentation mithilfe eines Bewertungs-/Reflexionsbogen bewerten.

Material 1: Auszug aus dem Lexikon für Büromanagement

Präsentation gestalten mit PowerPoint

1. Corporate Design

Das Corporate Design ist Bestandteil des Corporate Identity. Corporate Identity bezeichnet die unverwechselbare bzw. einzigartige Unternehmensidentität. Diese Identität kann sich in vielen Bereichen widerspiegeln, so auch in dem Design der Präsentationsfolien. Ziel ist es, der Präsentation ein unverwechselbares Erscheinungsbild zu geben, durch das das Corporate Design des Unternehmens erkennbar wird. Das heißt, es sollte sich z. B. das Logo des Unternehmens in der Präsentation wiederfinden sowie die unternehmenstypischen Farben verwendet werden. Diese Maßnahmen tragen dazu bei, dass die Präsentation ein Teil des Corporate Identity des Unternehmens wird.

2. Erste Schritte in Microsoft PowerPoint

Microsoft PowerPoint kann überall dort gestartet werden, wo eine lokale Verknüpfung mit diesem Programm besteht. In der Regel wird beim Installieren der Software unter Windows der folgende Pfad automatisch gewählt: Start/Alle Programme/Microsoft Office/PowerPoint.

Selbstverständlich lässt sich auch ohne Probleme z. B. eine Verknüpfung auf dem Desktop erstellen. Sollten bereits PowerPoint-Dateien auf dem Computer bestehen, können diese z. B. durch „Doppelklick" geöffnet werden.

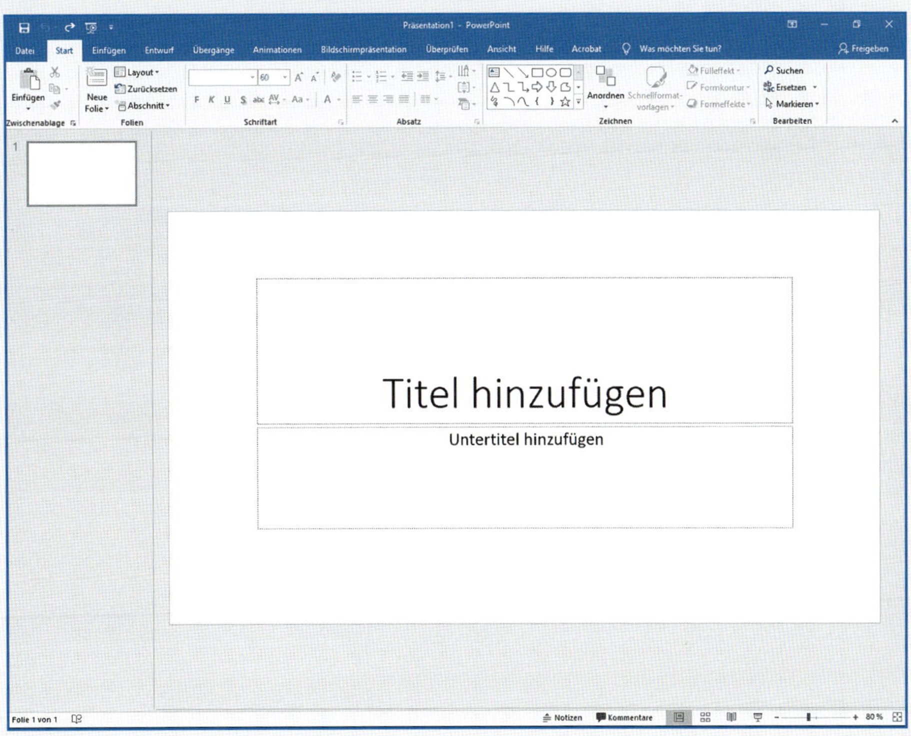

Anschließend können Sie z. B. die Folien beschriften und gestalten sowie neue Folien hinzufügen.

3. Einsetzen des Folienmasters

Der Folienmaster bietet die Möglichkeit, eine Masterfolie (Meisterfolie) zu erstellen. Diese Folie ist den anderen Folien überlegen. Das heißt, alle Informationen, Folienlayouts und Formatierungen wie z. B. Folienfarben, Schriftarten, Effekte oder Positionierungen der Inhalte werden hier gespeichert und gelten fortan für alle Folien der Präsentation.

In der Regel enthält jede Präsentation einen Folienmaster, in dem alle Einstellungen für die gesamte Präsentation vorgenommen werden können. Auch wenn das Einstellen auf den ersten Blick mühsam erscheint, sparen Sie im weiteren Verlauf der Erstellung der Präsentation viel Zeit. Sie erreichen den Folienmaster über den Punkt *Ansicht* in der Symbolleiste. Wählen Sie den Folienmaster aus.

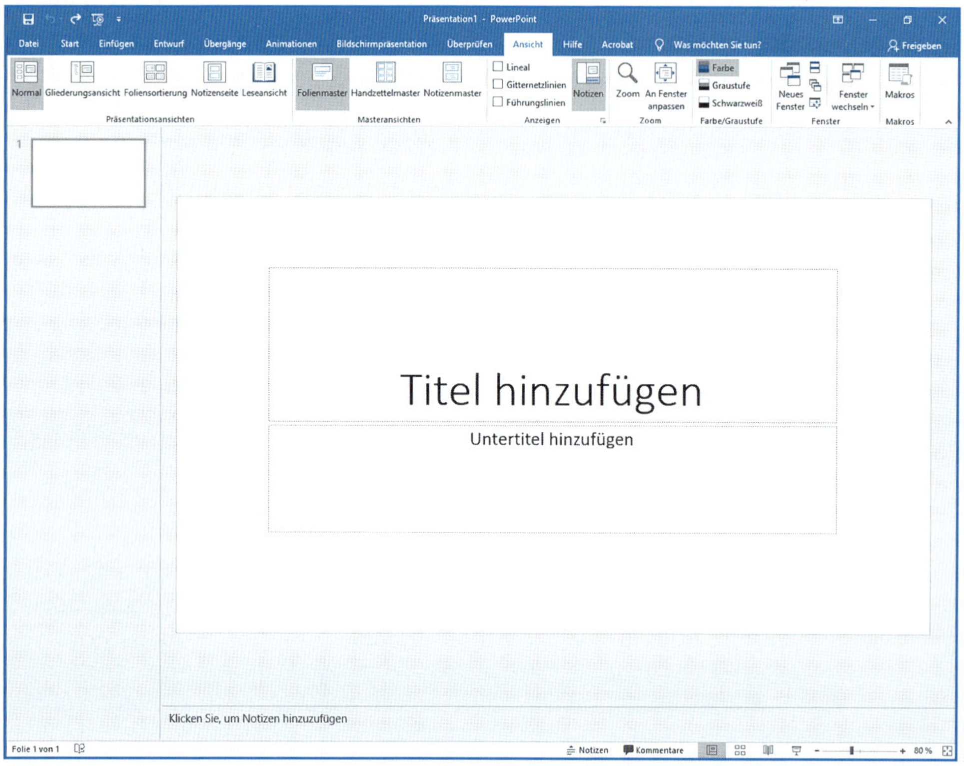

Anschließend haben Sie die Möglichkeit, Ihre gewünschten Einstellungen detailliert vorzunehmen.

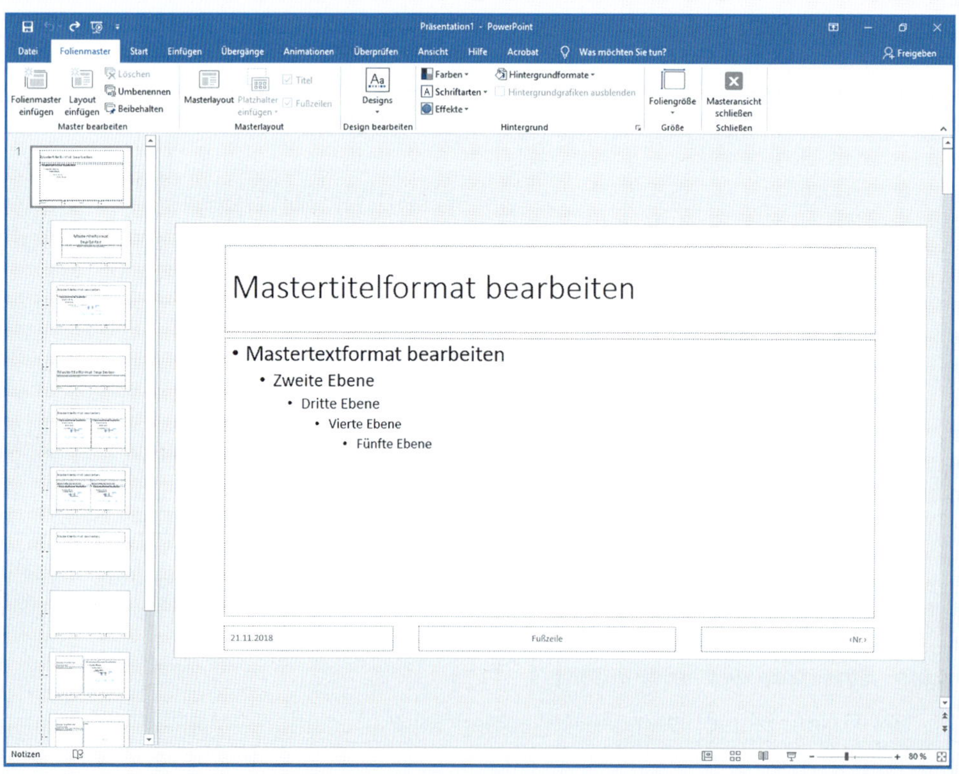

4. Auswahl von Bildern und Grafiken

Eine Präsentation mit Powerpoint sollte möglichst keinen Fließtext enthalten. Es ist oft sehr schwer, gewisse Zusammenhänge mit Texten bzw. Stichpunkten zu beschreiben. Hier können Grafiken und Bilder die Präsentation sinnvoll ergänzen und unterstützen. Sie haben die Möglichkeit Bilder, Grafiken, ClipArts, Diagramme und Formen etc. über den Punkt *Einfügen* in den Gruppen *Bilder* und *Illustrationen* in der Multifunktionsleiste auszuwählen.

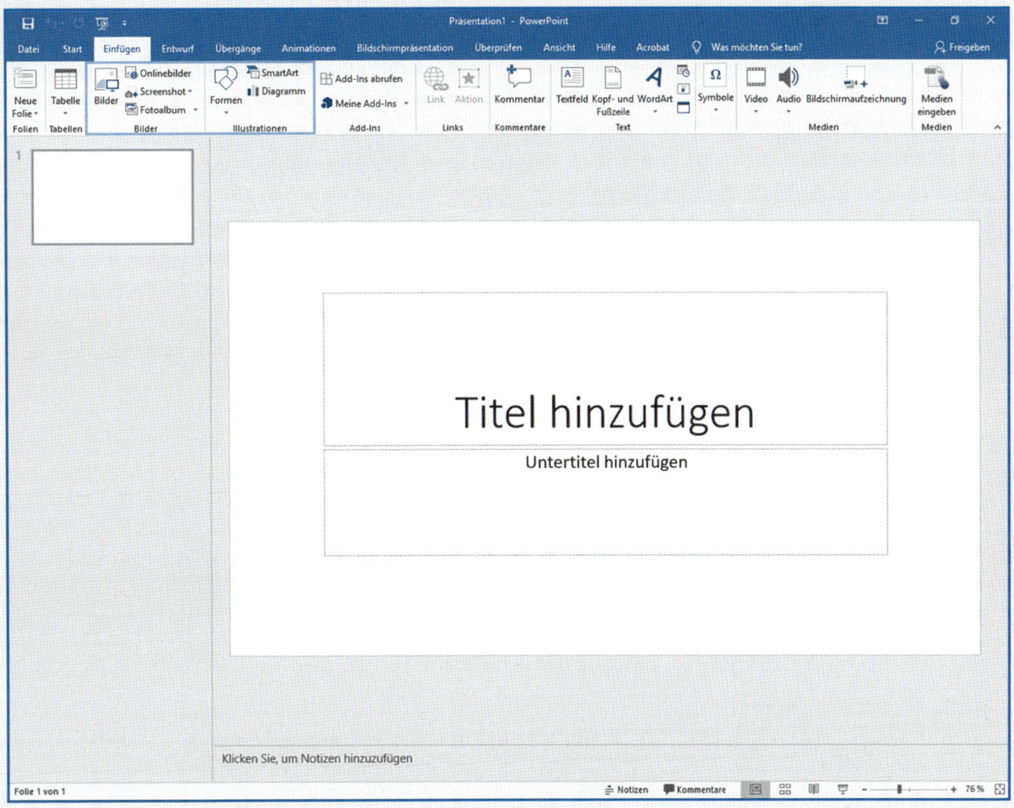

Anschließend haben Sie beispielsweise die Möglichkeit, Ihre gewünschte Datei auszuwählen und einzufügen.

5. Kommunikative Regeln im Rahmen einer PowerPoint-Präsentation beachten

➤ Verbal kommunizieren

Verständlichkeit	Modulation der Stimme
Die Präsentation muss von den Zuhörern inhaltlich verstanden werden. Aus diesem Grund hängt es von der Fachkompetenz des Publikums ab, welche Fachbegriffe im Vortrag verwendet werden können. Fremdwörter sollten nur verwendet werden, wenn es keine entsprechenden deutschen Begriffe gibt oder sie jedem geläufig sind.	Die Präsentation wirkt auf den Zuhörer lebendiger und abwechslungsreicher, wenn der Referent seine Stimme in Melodie, Klangfarbe, Lautstärke und Betonung variiert (Modulation). Der Vortrag wird dynamischer und das Publikum hat einen höheren Unterhaltungswert. Das Sprechtempo darf weder zu schnell noch zu langsam sein.

➤ Non-verbal kommunizieren: Körpersprache einsetzen

Die Körpersprache ist die Sprache „ohne Worte“. Sie erfolgt nomalerweise unbewusst, unwillkürlich und unbeabsichtigt. Die Körpersprache trifft Aussagen, vermittelt Botschaften.

10 Den Praktikumsbetrieb vorstellen

Situation:

Im Unterricht unterhält sich Aysegül Öztürk mit den anderen Mitschülern und ihrer Klassenlehrerin Sabrina Saftig über die Betriebe, in denen sie ihr Praktikum absolvieren wollen. Dabei stellen die Schüler fest: *„Außer den Firmennamen wissen wir nur sehr wenig über die Betriebe der anderen Mitschüler!"*

Es stellt sich ferner heraus, dass die Betriebe durchaus Gemeinsamkeiten haben, sich aber zugleich in vielen Aspekten, wie etwa dem Warenangebot, der Anzahl der Beschäftigten oder der Produktions- und Arbeitsweise, doch stark unterscheiden. Die Auszubildenden schlagen deshalb vor: *„Wir sollten uns jeder einmal genau mit dem eigenen Praktikumsbetrieb beschäftigen und diesen danach den Mitschülern kurz vorstellen."* Dabei stoßen die Schüler auf verschiedene Probleme wie beispielsweise: *„Woher sollen wir zuverlässige und zielführende Informationen zur Erstellung und Gestaltung der Präsentation bekommen?" „Dürfen wir bedenkenlos durch den Betrieb gehen, um die Produkte und Dienstleistungen des Unternehmens zu identifizieren?"*

Arbeitsaufträge:

1. Erstellen Sie eine Präsentation über Ihren Praktikumsbetrieb und zusätzlich für Ihre Mitschüler auf einer DIN-A4-Seite ein Handout zu den wichtigsten Fakten.

   Nutzen Sie die Methode der Kartenabfrage (Material 1), um gemeinsam die Präsentation zu planen.

   Exemplarische Fragestellungen:

   - Welche Inhalte sind für eine Präsentation des Praktikumsbetriebs von Interesse?
   - An welchen Merkmalen lassen sich Unterschiede zwischen Betrieben gut darstellen?
   - Welche Informations- und Kommunikationssysteme sollen eingesetzt werden?

   Erstellen Sie aus den Ergebnissen eine Zielvereinbarung.
   Exemplarische Fragestellungen:

   - Was wird Inhalt der Präsentation des Praktikumsbetriebs?
   - Welche Ansprüche haben Sie an die Präsentation (Gestaltung, Umfang, Dauer, ...)?
   - Welche Präsentationsform erscheint Ihnen geeignet für die Präsentation?

   Erstellen Sie gemeinsam einen passenden Bewertungsbogen für die Präsentation.
   Mögliche Bewertungsbereiche:

   - Inhaltlich – fachlicher Bereich (Aufbau, Gliederung, Struktur, roter Faden, Gewichtung, ...)
   - Methodisch – strategischer Bereich (Phasierung, Medieneinsatz, Lesbarkeit, Zeitmanagement, ...)
   - Kommunikativer Bereich (Sprechweise, Pausen, Körpersprache, Gestik, ...)
   - Gestalterischer Bereich (Qualität der Unterlagen, Folien, Originalität, ...)
   - Personenbezogener Bereich (Engagement, Arbeitsaufwand, Kritikfähigkeit, ...)

   Bei der Erstellung der Präsentation gibt es eine Vielzahl an Dingen zu beachten:

   - Planen Sie Ihre Präsentation, indem Sie einen realistischen Zeit- und Arbeitsplan festlegen und danach vorgehen.
   - Gehen Sie auf Informationssammlung; werten Sie die von Ihnen genutzten Informationsquellen (Internet, Mensch, Text) aus (wichtig, unwichtig) und ordnen Sie die Materialien.

- Wählen Sie die Präsentationsform aus, die Ihnen für Ihre Präsentation passend erscheint (Vortrag, Pinnwand, Plakat, Wandzeitung, Laptop und Beamer, Video, ...).
- Ermitteln Sie die Voraussetzungen für Ihre Präsentation (technische Ausstattung, Lichtverhältnisse, räumliche Gegebenheiten, ...).

2. Stellen Sie zunächst Ihre Präsentation unter Beachtung grundlegender Präsentationsregeln wie Gestik, Mimik, Design etc. im Plenum vor.

3. Diskutieren und bewerten Sie danach die Präsentation – im Gespräch mit Ihren Mitschülern – anhand der Zielvereinbarung und unter Einbezug des erstellten Bewertungsbogens!

Material 1: Auszug aus dem Methoden-ABC

Kartenabfrage

Zielsetzung. Zusammentragen von Ideen auf Karten zur Lösung eines Problems.

Vorgaben. Bildung von Kleingruppen mit jeweils ca. fünf Schülern. Die Zeit für die Ideenfindung sollte ca. 10 bis 15 Minuten betragen.

Ablauf. Bei der Kartenabfrage werden Ideen **stichwortartig** mit einem dicken Filzstift (Boardmarker) auf eine Karte (Metaplankarte) geschrieben. Nach Ablauf der Ideensammlung werden die Karten in der Kleingruppe thematisch zu **„Ideenklumpen"** zusammengefasst (geclustert) und mit Themenüberschriften versehen. Danach präsentieren die einzelnen Gruppen ihre Ideensammlung, indem sie die Karten an eine Pinwand heften oder mittels Klebebandstreifen an der Tafel anbringen.

Die Lerngruppe kann nunmehr auf der Basis des **visualisierten Plans** mit der Diskussion und Bewertung der strukturierten Ideen beginnen. Dabei können beispielsweise zum gleichen Thema vorgestellte Ergebnisse zu einem gemeinsamen Plan zusammengefasst werden. Im weiteren Verlauf lassen sich zu den einzelnen Ideenklumpen Arbeitsgruppen bilden, um Teilprobleme tiefer gehend zu behandeln.

Bei der Entscheidung, welche der Vorschläge tiefer gehend bearbeitet werden sollen, bietet sich eine Abstimmung mittels **Punktabfrage** an. Bei dieser Auswahltechnik erhält jeder Teilnehmer einen oder mehrere bunte **„Klebepunkte"**. Die Stimmabgabe erfolgt nunmehr dadurch, dass die Teilnehmer die Klebepunkte ihren Interessen gemäß den auf dem Plan dargestellten Vorschlägen zuordnen. Die Rangordnung der zu bearbeitenden Schwerpunktthemen ergibt sich aus der Anzahl der Punkte, die die einzelnen Vorschläge erhalten haben.

Lernfeld 2: Aufträge bearbeiten

Schulbuch Kap. 1.1

1 Den Dreisatz im Alltag anwenden

Situation:

Lisa und Elias machen eine kaufmännische Ausbildung bei der Nabek GmbH in Sigmaringen. In der Berufsschule sitzen die beiden nebeneinander und sind gute Freunde geworden. Diese Woche haben sie im Berufsschulunterricht den Dreisatz durchgenommen.

Am Wochenende treffen sich Lisa und Elias zum Kochen. Sie wollen Pizza backen. Elias hat ein Rezept mitgebracht. Während sie die Zutaten aus dem Kühlschrank holen, sprechen sie über die vergangene Woche.

Elias: Also ich habe immer noch nicht wirklich verstanden, warum unser Lehrer, Herr Kessler, sooo betont hat, dass der Dreisatz so wichtig ist und man ihn auch im Alltag oft braucht.

Lisa: Wieso? Schau' nur mal in das Rezept. Hier haben wir doch genau so eine Situation! Das Rezept ist für 8 Pizzen. Heute sind wir aber nur zu zweit. Hier brauchen wir den Dreisatz, um auszurechnen, wie viele Zutaten wir für 2 Pizzen benötigen.

Elias: Ach, stimmt ja! Dann lass uns mal rechnen.

Arbeitsaufträge:

1. Loda-Cola ist in diesem Jahr das neue Trendgetränk. Die Schlucke e. K. bietet Loda-Cola sowohl in Dosen als auch in Flaschen an. Berechnen Sie, welches Angebot günstiger ist.

Angebot 1:
Die Firma Schlucke e. K. bietet eine Kiste Loda-Cola mit 6 Dosen à 0,25 Liter für 2,70 EUR an.

Angebot 2:
Als weiteres Angebot in ihrem Sortiment hat die Schlucke e. K. eine Kiste Loda-Cola mit 12 Flaschen à $^1/_2$ Liter. Eine Kiste kostet 9,60 EUR.

Angebot 1	Angebot 2

2. Auf dem Großmarkt in Hamburg werden Bananen frisch von den Überseeschiffen verkauft.

7 kg Bananen kosten 8,40 EUR.

Berechnen Sie, wie viel 10 kg Bananen kosten.

Preis für 10 kg Bananen	

3. 8 Arbeiter benötigen für die Straßenbaustelle am südlichen Stadtrand 12 Stunden.

Berechnen Sie, wie viele Stunden fünf Arbeiter benötigen.

Ergebnis	Fünf Arbeiter benötigen für die Straßenbauarbeiten ____________ Stunden.

4. Bei der 72-Stunden-Aktion im vergangenen Jahr wurde in einem Waldstück von 48 Freiwilligen in 72 Stunden Müll zusammengetragen.

Berechnen Sie, wie lange die Freiwilligen in diesem Jahr brauchen, wenn 6 Personen krank und 14 Personen im Urlaub sind.

Ergebnis	Wenn 6 Personen krank und 14 Personen im Urlaub sind, dauert die Müll-Aktion ____________ Stunden und ____________ Minuten.

5. Der Vegan-Snackladen um die Ecke ist dafür bekannt, Kokosnüsse anzubieten. Zurzeit werden 8 Kokosnüsse für 15,20 EUR angeboten.

Berechnen Sie, wie viele Kokosnüsse man für 20,00 EUR bekommt.

Ergebnis	Für 20,00 EUR bekommt man ____________ Kokosnüsse.

6. Ein Tank ist zur Hälfte mit Wasser gefüllt. Berechnen Sie, wie viel Liter Wasser im Tank sind, wenn der $^{2}/_{3}$-volle Tank 150 Liter Wasser enthält.

Ergebnis	Wenn der Tank zur Hälfte gefüllt ist, enthält er ____________ Liter Wasser.

7. Im Bioladen kosten 1 600 g vegetarische Burger 26,80 EUR. 1 400 g vegetarische Lasagne kosten 28,00 EUR.

Berechnen Sie, wie viel Gramm vegetarische Lasagne Sie kaufen können, wenn Sie 80,00 EUR dabei haben und genau 2 400 g vegetarische Burger einkaufen müssen.

Ergebnis	Für 80,00 EUR kann man 2 400 g vegetarische Burger und ______________ g vegetarische Lasagne kaufen.

8. Familie Meyer fährt mit dem Pkw nach Hamburg. Für die Fahrt werden 73,2 l Benzin verbraucht. Berechnen Sie, wie weit Familie Meyer von Hamburg entfernt wohnt, wenn deren Auto einen mittleren Kraftstoffverbrauch von 6,1 l Benzin bei 100 km hat.

Ergebnis	Familie Meyer wohnt ________________ km von Hamburg entfernt.

9. Ihr neues Smartphone kann in 3 Minuten 64 Seiten an den Drucker übertragen. Berechnen Sie, wie lange das Smartphone von Ihrem Sitznachbarn braucht, welches etwa 15 % langsamer ist, um ein Dokument von 680 Seiten an den Drucker zu senden.

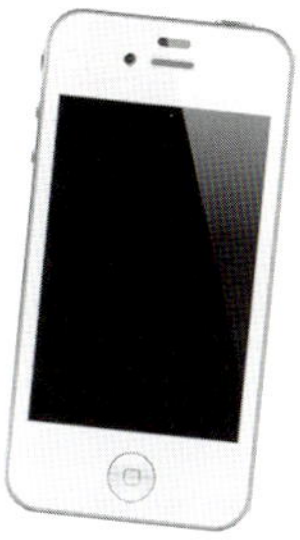

Ergebnis	Das 15 % langsamere Smartphone benötigt zum Drucken von 680 Seiten ____________ Minuten und ____________ Sekunden.

10. Ihr Traum vom neuen E-Auto wird wahr. Sie bezahlen 60 % bar gleich bei der Unterzeichnung des Kaufvertrags, das sind 15 800,00 EUR. Die restlichen 40 % begleichen Sie bei Abholung. Berechnen Sie, wie viel Bargeld Sie für den Tag der Abholung benötigen.

Bargeld	

11. In den Ferien haben Sie einen Job als Bedienung in einem Fair-Food-Restaurant. Um nicht geizig zu wirken, gilt die Faustregel, dass die Gäste der Bedienung mindestens 10 % Trinkgeld geben. Die Rechnung für ein Essen beträgt 44,60 EUR. Sie bekommen von Ihrem Gast 48,00 EUR und er sagt: „Vielen Dank – passt so."

Überprüfen Sie rechnerisch, ob Ihr Gast geizig war.

Mindesttrinkgeld	Tatsächliches Trinkgeld

Ergebnis	10 % Trinkgeld sind ___________ EUR. Der Gast hat ___________ EUR Trinkgeld gegeben. Der Gast war ☐ geizig ☐ nicht geizig.

12. Sie haben ein Igel-Winterhaus gebaut. Bevor die Igel in den Winterschlaf gehen, fressen sie sich noch viele Reserven an. Doch die Zeit wird knapp. 6 Igel fressen 46 Regenwürmer in 3 Stunden. Berechnen Sie, wie lange 10 Igel für 138 Regenwürmer benötigen.

Tipp: Rechnen Sie zunächst Stunden in Sekunden um!

Ergebnis	10 Igel fressen 138 Regenwürmer in _________ Stunden und _________ Minuten.

13. Sie sind mit Ihren Eltern in eine neue Wohnung im 2. Stock umgezogen. Eine Wasserpumpe mit 3 kW fördert 460 m³ Wasser die 12 m vom Keller bis ins Bad hoch.

Berechnen Sie, welche Wassermenge eine 9 kW starke Pumpe 18 m hoch fördern würde, wenn Sie im 3. Stock wohnen würden.

Ergebnis	In den 3. Stock auf 18 m Höhe fördert eine 9 kW starke Pumpe ___________ m³ Wasser.

2 Die Prozentrechnung im Alltag und im Beruf nutzen

Schulbuch Kap. 1.2

Situation 1: Prozentrechnung beim Shopping nutzen

Heute ist Freitag und Lisa trifft sich mit ihrer Freundin Ella. Schon die ganze Woche haben sie sich darauf gefreut, denn heute ist Black Friday – der größte Shoppingtag des Jahres. Zu Black Friday gibt es wieder Schnäppchen im Internet zu ergattern.

Ella: Ich möchte auf jeden Fall ein neues Partykleid kaufen. Schau' mal hier: Das Kleid ist von 59,95 EUR auf 41,50 EUR runtergesetzt. Ist das wohl ein guter Deal?

Lisa: Also knapp 20,00 EUR weniger. Das klingt schon mal gut! Wir können doch auch ausrechnen, wie viel Prozent Rabatt das sind.

Arbeitsaufträge:

1. Berechnen Sie den neuen Preis.

	Produkt	Alter Preis in EUR	Rabatt in %	Neuer Preis in EUR
1	Jack & Jones Cargohose	79,99	10	
2	b.young Jerseykleid	59,95	25	
3	Nike Sportswear AIR MAX	149,95	13	
4	Calvin Klein Logo-Gürtel	44,90	8	
5	Clinique Make-up-Set	29,95	7,5	
6	Grundig Vision 7 TV	409,00	5	
7	Apple Smart Watch Series 4	399,99	12,5	
8	Kindle Paperwhite	119,99	50	
9	Eastpack Rucksack	64,00	42,5	
10	Logitech Wireless Presenter	18,99	6	

2. Berechnen Sie den Rabatt in Prozent.

	Produkt	Alter Preis in EUR	Neuer Preis in EUR	Rabatt in %
1	Jack & Jones Cargohose	79,99	69,99	
2	b.young Jerseykleid	59,95	41,50	
3	Nike Sportswear AIR MAX	149,95	111,11	
4	Calvin Klein Logo-Gürtel	44,90	43,50	
5	Clinique Make-up-Set	29,95	18,80	
6	Grundig Vision 7 TV	409,00	299,99	
7	Apple Smart Watch Series 4	399,99	349,50	
8	Kindle Paperwhite	119,99	109,99	
9	Eastpack Rucksack	64,00	29,90	
10	Logitech Wireless Presenter	18,99	15,00	

3. Berechnen Sie den alten Preis.

	Produkt	Rabatt in %	Neuer Preis in EUR	Alter Preis in EUR
1	Jack & Jones Cargohose	14	69,99	
2	b.young Jerseykleid	28,2	41,50	
3	Nike Sportswear AIR MAX	10	111,11	
4	Calvin Klein Logo-Gürtel	5	43,50	
5	Clinique Make-up-Set	7,5	18,80	
6	Grundig Vision 7 TV	30	299,99	
7	Apple Smart Watch Series 4	25	349,50	
8	Kindle Paperwhite	3	109,99	
9	Eastpack Rucksack	15	29,90	
10	Logitech Wireless Presenter	12	15,00	

Situation 2: Ausbildungsvergütung prozentual vergleichen

Lisa ist sehr zufrieden mit ihrer Ausbildung bei der Nabek GmbH. Sie geht gerne zur Arbeit und versteht sich auch mit den anderen Auszubildenden sehr gut. In der Mittagspause trifft sie sich mit Sophia, die schon im 2. Ausbildungsjahr ist.

Sophia: Endlich! Jetzt bin ich offiziell im 2. Ausbildungsjahr. Ich freue mich total, weil ich jetzt 120,00 EUR mehr in der Tasche habe.

Lisa: Weißt du, wie viel Prozent das ausmacht?

Sophia: Ich bin mir nicht ganz sicher, so etwa 12 %.

Lisa: Super, herzlichen Glückwunsch. Das könnte ich auch gebrauchen.

4. Ermitteln Sie, wie viel Euro Sophia im 2. Ausbildungsjahr ausgezahlt bekommt.

Auszahlungsbetrag 2. Ausbildungsjahr	

5. Im 3. Ausbildungsjahr werden 1 180,00 EUR Azubigehalt ausgezahlt. Nehmen Sie an, Sophia ist bereits im 3. Ausbildungsjahr und erhält für ihr sehr gutes Abschlusszeugnis von der Nabek GmbH einen Bonus von einmalig 350,00 EUR.

5.1 Berechnen Sie den Auszahlungsbetrag.

Auszahlungsbetrag 3. Ausbildungsjahr	

5.2 Ermitteln Sie, um wie viel Prozent Sophias Azubigehalt durch den Bonus gestiegen ist.

Ergebnis	Sophias Azubigehalt ist durch den Bonus um ______ % gestiegen.

6. Angenommen, Sophias älterer Bruder hat seine Ausbildung schon beendet und verdient 1 750,00 EUR. Sophia würde auch gern so viel Geld verdienen. Berechnen Sie, um wie viel Prozent Sophias Gehalt (1 180,00 EUR) erhöht werden müsste, um gleich viel zu verdienen wie ihr Bruder.

Sophias Bruder	Sophia
1 750,00 EUR	

Ergebnis	Sophias Gehalt müsste um ________ % erhöht werden, um gleich viel zu verdienen wie ihr Bruder.

Situation 3: Prozentrechnung im Unternehmen anwenden

Zurzeit ist Elias in der Verkaufsabteilung der Nabek GmbH eingesetzt. Das Unternehmen stellt nachhaltige Kleidung her. In ihrem Sortiment bietet die Nabek GmbH auch T-Shirts an, die aus Holzfasern hergestellt werden.

Der Verkaufsabteilungsleiter, Herr Ribeck, bindet Elias in alle Aufgaben ein. Bei vielen Tätigkeiten im Unternehmen spielt vor allem das kaufmännische Rechnen eine wichtige Rolle, wie z. B. die Prozentrechnung.

7. Heute müssen Rechnungen geschrieben werden. Da Herr Ribeck jetzt einen Termin hat, legt er auf Elias' Schreibtisch eine halbfertige Rechnung. Vervollständigen Sie die Rechnung (Material 1, siehe Folgeseite).

8. Berechnen Sie, welchen Betrag der Kunde überweisen muss, wenn er das Skonto in Anspruch nimmt (Material 1).

Überweisungsbetrag bei Ausnutzung von Skonto	

9. Der Wettbewerber der Nabek GmbH bietet ebenfalls ein Fashion-Shirt aus Holzfasern an. Der Preis des Wettbewerbers beträgt im Kundenkatalog für nichtgewerbliche Kunden 22,50 EUR. Er behauptet der günstigste Anbieter zu sein. **Hinweis:** Zum Preis der Nabek GmbH siehe Material 1.

   Prüfen Sie diese Aussage rechnerisch und kreuzen Sie die richtige Antwort an.

	Preis für ein Fashion-Shirt aus Holzfasern
Wettbewerber	22,50 EUR
Nabek GmbH	

Ergebnis	☐ Der Wettbewerber ist günstiger.	☐ Die Nabek GmbH ist günstiger.

Material 1: Halbfertige Rechnung der Nabek GmbH

Nabek GmbH
NACHHALTIGE BEKLEIDUNG

Nabek GmbH, Sommerwiese 17, 72488 Sigmaringen
Frau
Kira Büssing
Höfwiesen 2
88605 Meßkirch

Rechnung: 45B-128
Kunden-Nr.: 15249418
Versandart: Paketdienst
Verkäufer: Herr Ribeck

Datum: 23.01.20..

RECHNUNG

Artikel	Bezeichnung	Menge	Einzelpreis	Gesamtpreis
674	Fashion-Shirt	2	19,00 EUR	38,00 EUR
			Zwischensumme	38,00 EUR
			+ 19 % USt	
			Gesamtsumme	

Vielen Dank für Ihren Auftrag.

Zahlungsbedingung: 2 % Skonto innerhalb 14 Tagen oder 30 Tage netto

Nabek GmbH
Telefon: 07571 24588-0
Telefax: 07571 24588-99
E-Mail: info@nabek.de

Geschäftsführerin: Annelie Bahr
Sitz der Gesellschaft: Sigmaringen
Handelsregister HRB 664884
USt-ID-Nr.: DE304454459

Bankverbindung:
Kreissparkasse Sigmaringen
IBAN: DE74 6535 1050 5008 5200 06
BIC: SOLADES1SIG

10. Ein weiterer Verkaufsrenner der Nabek GmbH sind die neuen Jeggings. Hier konnte der Preis sogar um 10 % auf 39,95 EUR (brutto) erhöht werden.

    Berechnen Sie die Preiserhöhung in EUR.

Preiserhöhung der Jeggings in EUR	

11. Die Nabek GmbH mietet eine Lagerhalle mit 450 m^2. Die monatliche Miete beträgt 4 275,00 EUR. Zum Januar folgenden Jahres möchte der Vermieter die Miete auf monatlich 4 750,00 EUR erhöhen.

Berechnen Sie, wie viel Prozent die Mietpreiserhöhung beträgt.

Mietpreiserhöhung in %	

12. Neben der Nabek GmbH befindet sich die Schokoladenfabrik Süßfein KG. Sie stellt Schokolade mit einem Kakaopulver aus fairem Anbau her. Täglich produziert sie mit fünf Kakaobohnenmahlmaschinen 1 684,2 kg Kakaopulver. Leider ist das Kakaopulver so fein, dass bei der täglichen Herstellung $16\frac{2}{3}$ % durch Luftaufwirbelungen verloren gehen.

12.1 Berechnen Sie, wie viel Kilogramm Kakaopulver pro Tag tatsächlich verpackt werden.

Ergebnis	Pro Tag werden ____________ kg Kakaopulver verpackt.

12.2 Angenommen, die Süßfein KG könnte mit drei zusätzlichen Maschinen Kakaopulver herstellen. Ermitteln Sie, wie viel Kilogramm Kakaopulver die Süßfein KG im Monat produzieren könnte.

Ergebnis	Mit drei zusätzlichen Maschinen könnten ______________ kg Kakaopulver im Monat produziert werden.

13. In der Mittagspause unterhalten sich Herr Ribeck und Elias übers Lotto spielen. Beim Lottospiel werden bundesweit rund 80 Mio. EUR von den Spielern eingesetzt. 50 % werden als Gewinne ausgeschüttet. Der Rest wird unter anderem zur Förderung des Sports, der Kultur und sozialer Einrichtungen verwendet.

Berechnen Sie, wie sich die 40 Mio. EUR Gewinne auf die verschiedenen Gewinnklassen verteilen.

Gewinnklasse		Gewinn	
		in %	in EUR
I	6 + Superzahl	4	
II	6 Richtige	12	
III	5 + Superzahl		2,4 Mio.
IV	5 Richtige	20	
V	4 Richtige		8 Mio.
VI	3 + Zusatzzahl	14	
VII	3 Richtige		9,6 Mio.

Schulbuch
Kap. 2

3 Geschäftsfähigkeit bei Rechtsgeschäften berücksichtigen

Situation:

Die drei Auszubildenden Lisa, Elias und Sophia verbringen die Mittagspause stets gemeinsam. Wie so oft in den letzten Monaten ist das Thema Auto und Führerschein Gegenstand ihrer Pausengespräche.

Die 18-jährige Sophia berichtet, dass sie nach bestandener Führerscheinprüfung nunmehr ganz kurz vor dem Kauf eines eigenen Pkw steht. Jetzt hänge alles davon ab, ob Konstantin, der Sohn des Nachbarn, ihren Motorroller heute Nachmittag kauft. Schließlich würde sie ja als künftige Autofahrerin den Roller nicht mehr benötigen.

Sophia ergänzt, dass der 15-jährige Konstantin sich ohne Wissen seiner Eltern den Roller für drei Tage zum Probefahren ausgeliehen hat. Bisher sei er so begeistert, dass er bereit wäre, ihr den Roller für 800,00 EUR abzukaufen – auch auf die Gefahr hin, sich mit seinen eigenen Eltern anzulegen. Das Geld hätte er schließlich in den letzten 10 Jahren nach und nach gespart.

Sogleich schaltet sich Lisa in das Gespräch mit der Bemerkung ein, dass der Nachbarsjunge noch gar nicht volljährig sei. Somit könne er den Roller gar nicht kaufen. Elias ist hingegen der Ansicht, dass Konstantin mit seinem Ersparten machen könne, was er will.

Arbeitsaufträge:

1. Lisa zweifelt mit Blick auf das Alter an der Geschäftsfähigkeit von Konstantin. Erläutern Sie, was man unter Geschäftsfähigkeit versteht und grenzen Sie die einzelnen Arten der Geschäftsfähigkeit voneinander ab. Nutzen Sie hierzu die Vorlage (Material 1). Prüfen Sie in diesem Zusammenhang abschließend die Geschäftsfähigkeit von Konstantin.

Prüfung des Rechtsfalls	Konstantin ist ____________ geschäftsfähig.

2. Erläutern Sie, ob Konstantin gegen den Willen seiner Eltern seine Ersparnisse zum Kauf des gebrauchten Rollers rechtswirksam verwenden kann.

Material 1: Stufen der Geschäftsfähigkeit

Stufen der Geschäftsfähigkeit	Erläuterung	Folgen
Geschäfts-unfähigkeit		
Beschränkte Geschäftsfähigkeit		
Unbeschränkte Geschäftsfähigkeit		

3. Lösen Sie folgende Rechtsfälle. Prüfen Sie jeweils die Rechtslage und begründen Sie Ihre Lösungen.

	Rechtsfälle	Lösungen der Rechtsfälle
1	Ein Kranker, der sich in einem Zustand dauernder Störung der Geistestätigkeit befindet, erhält von seinem Bruder ein Mietshaus geschenkt. Kann der Kranke Eigentümer des Hauses und wegen der Mieteinkünfte steuerpflichtig werden?	
2	Das Finanzamt verlangt von einem 4 Jahre alten Kind die Bezahlung rückständiger Steuern. Ist dies überhaupt möglich?	
3	Ein 6-jähriges Kind erhält von seinem Patenonkel zu Weihnachten Spielzeug geschenkt. Kann das Kind die Schenkung annehmen?	
4	Felix, 12 Jahre, ist Sohn eines Millionärs. Er erhält monatlich 250,00 EUR Taschengeld zur freien Verfügung. Davon kauft er sich eine Soundbar für 230,00 EUR, bezahlt diese bar und nimmt sie mit. Die Eltern sind nicht einverstanden.	
5	Angenommen, der 12-jährige Felix hätte die Soundbar nicht bar bezahlt, sondern nur 100,00 EUR angezahlt, um den Rest in 20,00-EUR-Raten „abzustottern“. Die Eltern sind wiederum dagegen.	
6	Linus, 9 Jahre, erhält von seiner Tante Anna 20,00 EUR. Als Gegenleistung verpflichtet er sich, den Sommer über ihren Rasen zu mähen.	

4. Prüfen Sie, ob in den folgenden Fällen ein einseitiges, ein zweiseitiges oder kein Rechtsgeschäft vorliegt. Nehmen Sie für jeden der aufgeführten Fälle eine begründete Zuordnung vor.

	Vorgang	Rechtsgeschäft		kein Rechtsgeschäft
		einseitig	zweiseitig	
1	Der Hauseigentümer schließt mit Ihren Eltern einen Vertrag über die Benutzung von Wohnräumen ab.			
2	Mike Detzel steigt in Kiel in den Linienbus ein.			
3	Jan Mossel bestellt bei der Buchhandlung Natterer zwei Bücher.			
4	Der Angestellte Bert Baltian kündigt seinen Arbeitsvertrag.			
5	Herr Westermeyer verliert seinen wertvollen Ring und lässt öffentlich bekanntgeben, dass er dem ehrlichen Finder 300,00 EUR Finderlohn zahlt (man nennt dies „Auslobung").			

5. Sie sind als Auszubildende(r) beim Möbelfachgeschäft Möbel-Wetzel-GmbH in Leipzig beschäftigt. Herr Wetzel gibt Ihnen den Auftrag, bei der Kleinert-Möbelfabrik e. Kfm. in Erfurt 8 Wohnzimmerschränke nach Katalog Nr. G/74.9 zu bestellen. Am 24. Juni wird die schriftliche Bestellung um 18:00 Uhr zur Post gebracht. Am nächsten Morgen kommt Herr Wetzel zu Ihnen und beauftragt Sie, die Bestellung zu widerrufen. Er habe festgestellt, dass von den bestellten Schränken noch genügend im Lager stehen.

   Prüfen Sie, ob Sie die Bestellung noch widerrufen können. Wenn ja, stellen Sie dar, wie Ihnen dies gelingen könnte.

Schulbuch Kap. 2

4 Kaufverträge rechtssicher abschließen

Situation:

Der 19-jährige Schüler Max bietet seinem gleichaltrigen Klassenkameraden Arne in einem Pausengespräch zwischen zwei Vormittagsstunden seinen gebrauchten Laptop für 200,00 EUR an. Max will den Laptop sofort verkaufen, Arne kann sich jedoch nicht entscheiden.

Am Nachmittag desselben Tages verkauft Max den Laptop seinem 18-jährigen Freund Hannes und vereinbart mit diesem einen Kaufpreis von 210,00 EUR. Die Übergabe des Laptops soll in 4 Tagen erfolgen.

Am nächsten Tag willigt Arne in den Kauf ein. Er besteht auf Erfüllung, weil nur er Rechte aus dem abgeschlossenen Kaufvertrag habe.

Arbeitsaufträge:

1. Prüfen Sie, ob Max seinem Freund Arne den Laptop liefern muss.

2. Erklären Sie den Unterschied zwischen Verpflichtungsgeschäft und Erfüllungsgeschäft.

Verpflichtungsgeschäft	
Erfüllungsgeschäft	

3. Stellen Sie dar, dass es beim Kaufvertrag **zwei** Gläubiger und **zwei** Schuldner gibt.
   Vervollständigen Sie hierzu das folgende Schaubild mit den Begriffen „Schuldner" und „Gläubiger".

4. Die Elektrogroßhandlung Groß OHG, Berlin, verfügt über einen Restposten an Kühlschränken. Sie bietet diese in einer Fachzeitschrift zum Vorzugspreis von 350,00 EUR je Stück an.

   4.1 Auf die Anzeige hin bestellt das Elektrogeschäft Alexander Kraft e. Kfm. 5 Kühlschränke des angebotenen Modells zu je 350,00 EUR. Begründen Sie, ob die Groß OHG liefern muss.

   ____

   ____

   ____

   4.2 Aufgrund einer Anfrage des Supermarkts Neumann GmbH gibt die Groß OHG am 25. März ein schriftliches Angebot mit folgendem Inhalt ab: „Preis 330,00 EUR bei Abnahme von 20 Stück, Zahlung netto Kasse".

   Am 10. April bestellt die Neumann GmbH 15 Stück zu je 330,00 EUR. Muss an die Neumann GmbH geliefert werden? Erläutern Sie die bestehende Rechtssituation.

   ____

   ____

   ____

5. Notieren Sie die Ziffer, unter welchen Bedingungen ein Kaufvertrag erst mit der Bestellungsannahme zustande kommt, wenn ein verbindliches Angebot vorliegt.

1	Sie bestellen unmittelbar per E-Mail.	
2	Sie schließen den Kaufvertrag telefonisch ab.	
3	Sie kürzen die Bestellmenge.	
4	Sie bestellen in der angegebenen Frist per Brief.	

6. Severin Schmidt hat sich ein Einfamilienhaus gebaut. Er nennt sich jetzt stolz „Hausbesitzer".

   Beurteilen Sie, inwiefern dieser Ausdruck zutreffend ist! Begründen Sie Ihre Antwort, wenn Severin Schmidt das Haus mietet!

   ____

   ____

   ____

   ____

   ____

7. Notieren Sie die Ziffer, welche der folgenden Aussagen richtig ist.

1	Besitz ist die rechtliche Herrschaft, Eigentum die tatsächliche Verfügungsgewalt.	
2	Eigentum ist die rechtliche Herrschaft, Besitz die tatsächliche Verfügungsgewalt.	
3	Solange ein Auszubildender ein Schulbuch ausgeliehen hat, ist er Eigentümer.	
4	Der Eigentümer ist immer auch der Besitzer einer Sache.	

8. Notieren Sie die Ziffer, in welchem Fall ein zweiseitiger Handelskauf vorliegt.

1	Frau Petzer kauft ihrer Nachbarin den Pkw ab.	
2	Ein Textileinzelhändler kauft sich in einem Onlineshop ein Kochbuch.	
3	Ein Unternehmer verkauft seinen Privatwagen an einen Mitarbeiter.	
4	Ein Schreibwarenhändler kauft beim Papiergroßhändler 100 Packungen Kopierpapier.	

9. Notieren Sie, welche Aussage über Besitz und Eigentum richtig ist.

1	Der Finder einer Sache ist Eigentümer.	
2	Die Eigentumsübertragung an beweglichen Sachen erfolgt in der Regel durch Einigung und Übergabe.	
3	Der gutgläubige Käufer erwirbt immer das Eigentumsrecht an gestohlenen Waren.	
4	Eigentum und Besitz bedeuten rechtlich dasselbe.	

5 Die Prozessschritte der Auftragsabwicklung zuordnen

Schulbuch Kap. 3

Situation:

Die beiden Auszubildenden Lisa und Elias sind zurzeit in der Abteilung Verkauf der Nabek GmbH eingesetzt. Nach der Frühstückspause treffen sich die Mitarbeiterin Frau Schönfeld, Lisa und Elias, um die anstehenden Aufgaben für die Woche zu planen. Frau Schönfeld ist es sehr wichtig, die Auszubildenen in die betrieblichen Abläufe miteinzubeziehen.

Nabek GmbH
NACHHALTIGE BEKLEIDUNG

Lisa: Im Postkorb sind sehr viele schriftliche Anfragen von Kunden eingegangen.

Elias: Ja, auch bei mir sind dutzende Anfrage-E-Mails im Posteingang.

Frau Schönfeld: Das ist ja gut für unseren Umsatz, nur müssen wir diese jetzt schnell bearbeiten, um unsere Kunden nicht zu lange warten zu lassen und eventuell noch zu verärgern.

Elias: Ich könnte doch schon alle Anfragen nach Kunden sortieren.

Lisa: Sehr schön, dann schreibe ich die Angebote.

Elias: ... und dann kann ich die Rechnungen vorbereiten.

Frau Schönfeld: Moment, nicht so schnell, immer der Reihe nach ...

Arbeitsaufträge:

1. In der Nabek GmbH und anderen Unternehmen gibt es viele sich wiederholende betriebliche Arbeitsabläufe, sogenannte Geschäftsprozesse wie z. B. den Verkauf von Waren.

   Der Geschäftsprozess Verkauf ist durcheinandergeraten. Bringen Sie die Abschnitte in die richtige Reihenfolge, indem Sie die Ziffern 1 bis 7 in die Kreise eintragen.

   Hinweis: Zwei Abschnitte werden gleichzeitig erledigt!

Information

Das Wort Prozess kommt aus dem Lateinischen von „procedere" – „vorwärts gehen". Ein Prozess ist eine Folge zusammenhängender Vorgänge zur Erstellung einer Leistung.

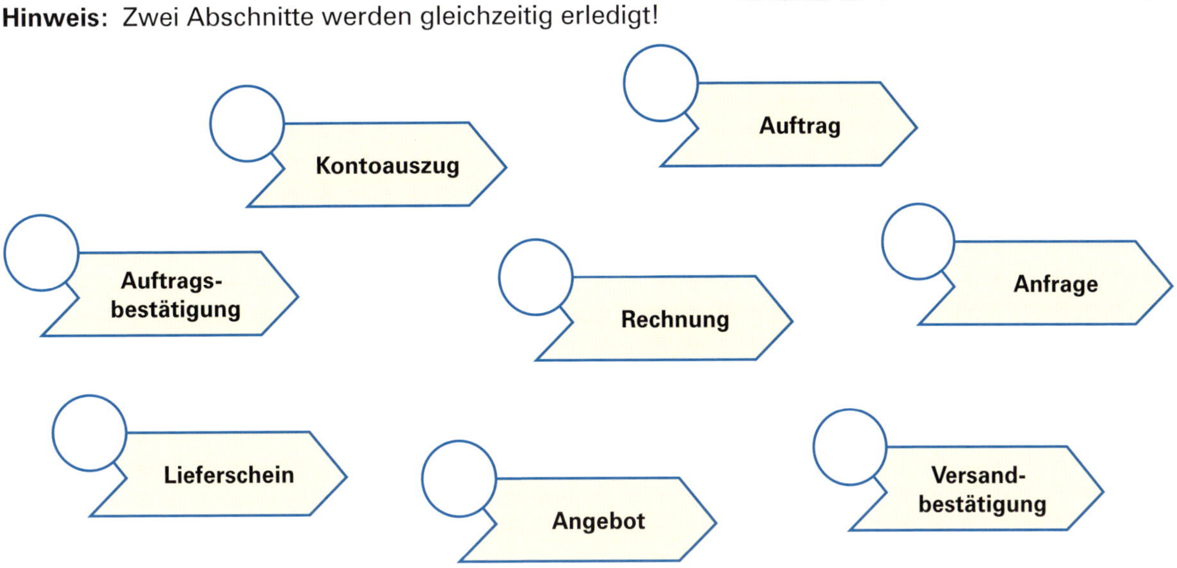

2. Nachfolgend ist der Kernprozess Verkauf bei der Nabek GmbH dargestellt.

Benennen Sie den jeweiligen Teilprozess und vervollständigen Sie den nebenstehenden Lückentext. Arbeiten Sie dann die für den Teilprozess wichtigen Informationen heraus, indem Sie die nachfolgenden Leitfragen beantworten. Zutreffendes bitte ankreuzen.

____

Bei der Nabek GmbH ist eine ______________ eingegangen.

Welche Aufgaben müssen erledigt werden?	
Bonität prüfen	
Zurückrufen	
Artikelverfügbarkeit prüfen	
Dem Chef Bescheid geben	
Liefertermin prüfen	
Die Anfrage ablegen	

____

Dem Kunden (Debitor) wird ein verbindliches ______________ unterbreitet.

1. Willenserklärung

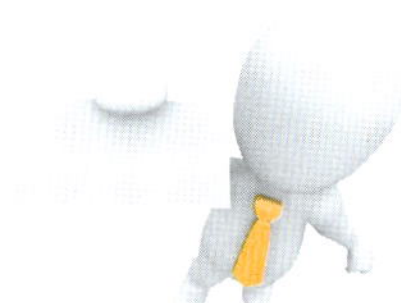

Welche Daten sind besonders wichtig für den Kunden?	
Datum	
Ansprechpartner	
Zahlungsbedingungen	
Lieferbedingungen	
Faxnummer	
Steuernummer	
Preis	
Artikelbeschreibung	

____

Der Kunde erteilt der Nabek GmbH einen ______________ (Bestellung).

2. Willenserklärung

Welche Aussagen sind richtig?	
Inhalte auf Übereinstimmung mit der Anfrage prüfen	
Inhalte auf Übereinstimmung mit dem Angebot prüfen	
Den Auftrag ablegen	
Wir müssen nichts weiter unternehmen	
Dem Kunden bei Bedarf eine Auftragsbestätigung senden	
Dem Lager Bescheid für die Freigabe zum Versand geben	
Frühstück bestellen	
Rechnung schreiben	

____

____

____

an unseren Kunden versenden.

Wann muss diese versandt werden?	
Immer	
Nur auf Wunsch des Kunden	
Nur für Privatpersonen	
Nur für Geschäftskunden	
Nie	
Wenn die 1. Willenserklärung der Auftrag war	
Wenn die 1. Willenserklärung die Anfrage war	

____

Aus dem Lager kommt die Meldung, dass die Ware verpackt und ____________ ist.

Welche Aufgaben müssen nun erledigt werden?	
Auftrag bestätigen	
Rechnung schreiben	
Zahlungsbedingungen aushandeln	
Lieferschein schreiben	
Ablegen	
Buchen	
Kunden anrufen	
Mahnung schreiben	

____

____

Paket mit ____________ und ____________ wird an den Kunden versandt.

Wie lautet der richtige Buchungssatz?	
Forderungen an UE und USt	
Verbindlichkeiten an UE und USt	
Waren an Bank	
Bank an Forderungen	
UE und USt an Forderungen	
Aufwendungen für Waren an Bank	

____

Auf dem ____________ ____________ sind alle Zahlungsein- und -ausgänge, die per Banküberweisung getätigt wurden, übersichtlich dargestellt.

Unser Kunde hat unsere Forderung an ihn beglichen.

Welche Aussagen sind richtig?	
Der Kontoauszug ist von unserem Kunden	
Der Kontoauszug ist von uns	
Der Kunde hat uns den Rechnungsbetrag überwiesen	
Wir müssen den Zahlungseingang buchen	
Hier ist der Zahlungsausgang zu buchen	
Mahnung erstellen und versenden	

Schulbuch Kap. 3.1 + 3.2

6 Eine Anfrage für T-Shirts bearbeiten

Situation:

Nach Feierabend trifft sich Lisa mit ihrem besten Freund Kevin, der Schüler an der Wirtschaftsschule in Sigmaringen ist. Sie haben sich schon länger nicht mehr gesehen und einiges zu erzählen.

Kevin: Wir haben bald unsere Abschlussprüfung. Deswegen fangen wir jetzt auch schon mal an, unsere Abschlussfeier zu planen. Ich bin ja Klassensprecher und organisiere die Planungen. Heute haben wir erstmal die verschiedenen Aufgaben verteilt.

Lisa: Cool! Dann bist du ja auch schon bald mit der Schule fertig. Und was ist deine Aufgabe?

Kevin: Ich werde mich um die T-Shirts kümmern. Wir möchten gern in einem einheitlichen Look erscheinen und Klassen-T-Shirts mit eigenem Logo bedrucken lassen. Bei der Auswahl des Anbieters wollen wir auf nachhaltig produzierte Ware achten. Weißt du, wo ich sowas bestellen kann?

Lisa: Also das mit den Abschluss-T-Shirts ist ja eine super Idee! Solche T-Shirts kannst du auf jeden Fall bei der Nabek GmbH bestellen. Da mache ich doch gerade meine Ausbildung. Du kannst ja einfach mal eine Anfrage schicken.

Kevin: Danke für den Tipp! Das werde ich morgen gleich machen.

Am 15. 05. 20.. schreibt Kevin folgende E-Mail an die Nabek GmbH in Sigmaringen:

Datei | Nachricht | Einfügen | Optionen | Text formatieren | Überprüfen | Hilfe | Was möchten Sie tun?

Senden

An... info@nabek.de

Cc...

Betreff: Anfrage

Sehr geehrte Damen und Herren,

die Abschlussklasse der Wirtschaftsschule plant, 32 T-Shirts mit eigenem Logo bedruckt bei Ihnen zu kaufen.

Uns ist es wichtig, etwas für die Umwelt zu tun. Wir möchten Sie bitten, uns ein Angebot mit einem Rabatt von 8 % über die nachhaltigen T-Shirts „Fashion made by yourself“ zu unterbreiten.

Mit freundlichen Grüßen

Kevin Kleiner

Arbeitsaufträge:

1. Bei der Nabek GmbH wird Kevins Anfrage von der zuständigen Mitarbeiterin, Frau Linz, bearbeitet. Sie hat einen Listenverkaufspreis in Höhe von 33,16 EUR pro T-Shirt kalkuliert. Nun schreibt Frau Linz das Angebot. Bevor sie es abschickt, überlegt sie jedoch noch einmal, ob sie an alles gedacht hat.

   Nennen Sie drei Punkte, die Frau Linz noch abklären muss, bevor sie das Angebot versendet.

   ➤ ____

   ➤ ____

   ➤ ____

2. Nachdem Frau Linz das Angebot über die 32 T-Shirts mit dem Abteilungsleiter besprochen hat, sendet sie dieses am 17.05.20.. per Mail an Kevin. Er schaut sich das Angebot in Ruhe an. Einige Punkte sind ihm allerdings noch unklar.

Nabek GmbH
NACHHALTIGE BEKLEIDUNG

Nabek GmbH, Sommerwiese 17, 72488 Sigmaringen
Herrn
Kevin Kleiner
Feldstr. 3
72488 Sigmaringen

Angebot: 43A-007
Referenz: 8846
Versandart: Paketdienst
Verkäufer: Frau Linz

Datum: 17.05.20..

ANGEBOT

Artikel	Bezeichnung	Menge	Einzelpreis	Gesamtpreis
55876	T-Shirt „Fashion made by yourself" mit Logoaufdruck	32	33,16 EUR inkl. 8 % Rabatt	1 061,12 EUR
			Zwischensumme	1 061,12 EUR
			+ 19 % USt	201,61 EUR
			Gesamtsumme	1 262,73 EUR

Über einen Auftrag würden wir uns sehr freuen.

Zahlungsbedingung: innerhalb 14 Tagen abzgl. 2 % Skonto oder 30 Tage netto

Lieferbedingungen: frei Haus

Eigentumsvorbehalt: Bis zur vollständigen Bezahlung behalten wir uns das Eigentum der hier genannten Artikel vor.

Nabek GmbH
Telefon: 07571 24588-0
Telefax: 07571 24588-99
E-Mail: info@nabek.de

Geschäftsführerin: Annelie Bahr
Sitz der Gesellschaft: Sigmaringen
Handelsregister HRB 664884
USt-ID-Nr.: DE304454459

Bankverbindung:
Kreissparkasse Sigmaringen
IBAN: DE74 6535 1050 5008 5200 06
BIC: SOLADES1SIG

2.1 Im Angebot steht bei den Zahlungsbedingungen, dass es Skonto gibt. Kevin erinnert sich, dass er dieses Thema im Unterricht der Wirtschaftsschule schon einmal hatte.

Berechnen Sie, wie viel die Klasse für die T-Shirts bezahlen müsste, wenn sie die 2 % Skonto in Anspruch nehmen würde.

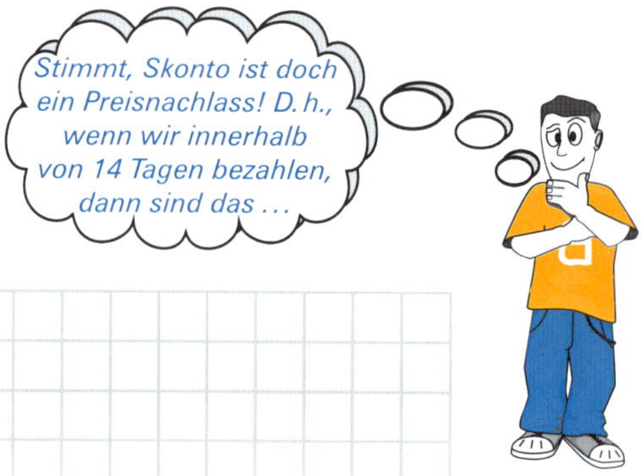

2.2 Kevin ist sich nicht mehr sicher, ob die Lieferbedingung „frei Haus" positiv für die Klasse ist.

Erklären Sie, was unter der Lieferbedingung „frei Haus" zu verstehen ist.

frei Haus	

2.3 Da Kevin immer sehr gewissenhaft ist, fällt ihm am Ende des Schreibens noch der Begriff Eigentumsvorbehalt auf. Er überlegt: „Was bedeutet das nochmal? Hm, das muss ich erst noch klären. Ich will ja ein guter Klassensprecher sein und nicht ‚die Katze im Sack' kaufen."

Beurteilen Sie, ob die Eigentumsvorbehaltsklausel im Angebot rechtlich haltbar ist.

2.4 Kevin ist nun ganz vertieft in das Angebot. Er kann sich schon gut vorstellen, wie er und seine Mitschüler in den T-Shirts am Ende ihren Abschluss feiern werden.

Prüfen Sie, ob zwischen Kevin und der Nabek GmbH ein Kaufvertrag zustande gekommen ist.

	Ja	Nein	Begründung
Kaufvertrag			

2.5 Kevin bespricht das Angebot vier Tage später mit der Klasse. Alle sind einverstanden. Plötzlich fällt jedoch seiner Mitschülerin Natascha ein, dass Kevin erst 16 Jahre alt, also noch gar nicht volljährig ist.

Stellen Sie fest, ob Kevin der Nabek GmbH einen rechtswirksamen Auftrag geben darf.

2.6 Außerdem fragt sich Natascha, ob es nicht schon zu spät ist, die T-Shirts zu bestellen. Das Angebot wurde ja schon vor 4 Tagen geschickt.

Prüfen Sie die Bedenken von Natascha und begründen Sie, ob das Angebot noch gültig ist.

3. **Zusatzaufgabe zum Angebot der Nabek GmbH** (Exkurs: Vorwärtskalkulation)

Aufgrund von Kevins Anfrage über 32 T-Shirts mit Logo hat Frau Linz einen Stückpreis von 33,16 EUR kalkuliert.

Dazu lagen ihr folgende Informationen ihres Abteilungsleiters vor:

T-Shirt „Fashion made by yourself“:

Einstandspreis inkl. Logo:	20,00 EUR
Handlungskostenzuschlag:	30 %
Gewinnzuschlag:	15 %
Kundenskonto:	2 %
Kundenrabatt:	8 %

Mithilfe dieser Angaben können Sie berechnen, wie Frau Linz auf den Stückpreis gekommen ist.

Kalkulieren Sie anhand des vorgegebenen Schemas den Listenverkaufspreis für ein T-Shirt.

Kalkulationsschema	Betrag in EUR	% vom Hundert	% im Hundert
= Einstandspreis (Wareneinsatz)			
+ Handlungskosten			
= Selbstkosten			
+ Gewinn			
= Barverkaufspreis			
+ Kundenskonto			
= Zielverkaufspreis			
+ Kundenrabatt			
= Listenverkaufspreis (netto)			

Information

Ziel der **Vorwärtskalkulation** ist, für jeden Artikel den **Verkaufspreis festzulegen**. Ausgangspunkt für die **Vorwärtskalkulation** ist der **ermittelte Einstandspreis.**

Nach dem Einkauf der Waren fallen aufgrund der Betriebstätigkeit weitere Kosten an. Man nennt sie **Handlungskosten**. Zur **Ermittlung der Selbstkosten** sind die Handlungskosten zum **Einstandspreis hinzuzurechnen (zu addieren).** Werden zu den Selbstkosten der Gewinn und die Umsatzsteuer hinzugerechnet, erhält man den **Bruttoverkaufspreis.**

Handlungskosten sind die Kosten der **Betriebstätigkeit.** Hierzu zählen:

- Lagerkosten, z. B. Gehälter des Lagerpersonals, Energiekosten, Reparaturen, Abschreibungen
- Allgemeine Verwaltungskosten, z. B. Gehälter für Angestellte, Bürokosten, Steuern, Abschreibungen
- Verkaufskosten, z. B. Gehälter für das Verkaufspersonal, Verpackungskosten, Werbekosten, Servicekosten

Nebenrechnungen:

Schulbuch Kap. 3.3 + 3.4

7 Eine T-Shirt-Bestellung bearbeiten

Situation:

Um rechtlich auf der sicheren Seite zu sein, übernimmt der Klassenlehrer, Fabian Kessler, die Bestellung der T-Shirts für die Klasse. Am 21.05.20.. schickt er folgende E-Mail an die Nabek GmbH:

Datei | Nachricht | Einfügen | Optionen | Text formatieren | Überprüfen | Hilfe | Was möchten

Senden

An... linz@nabek.de

Cc...

Betreff Auftrag

Sehr geehrte Frau Linz,

hiermit bestellen wir laut Ihrem Angebot Nr. 43A-007 vom 17.05.20.. folgende Position:
32 Stück T-Shirts „Fashion made by yourself" mit eigenem Logo zum Gesamtpreis von maximal 1 200,00 EUR brutto.

Liefertermin: spätestens 6. Juli 20.., da die Abschlussfeier meiner Schüler am 7. Juli 20.. stattfindet.

Zahlungsbedingungen: 2 % Skonto innerhalb 14 Tagen oder 30 Tage netto
Lieferbedingung: frei Haus

Mit freundlichen Grüßen

Fabian Kessler

Klassenlehrer der Abschlussklasse – Wirtschaftsschule
Kaufmännische Schule Sigmaringen

Arbeitsaufträge:

1. Herr Kessler berichtet seiner Klasse, dass er soeben die Bestellung der T-Shirts an die Nabek GmbH gemailt hat.

   1.1 Erklären Sie, wie ein Kaufvertrag zustande kommt.

   ____

   ____

   ____

   1.2 Beurteilen Sie, ob in der vorliegenden Situation ein Kaufvertrag zwischen der Nabek GmbH und dem Klassenlehrer, Herrn Kessler, zustande gekommen ist.

	Ja	Nein	Begründung
Kaufvertrag			

1.3 Herr Kessler möchte für seine Klasse einen guten Preis für die T-Shirts erreichen. Daher hat er in seiner E-Mail den maximalen Gesamtpreis auf einen glatten Betrag abgerundet und weicht damit vom Angebotspreis der Nabek GmbH ab.

Nehmen Sie an, die Nabek GmbH akzeptiert diesen Preis. Berechnen Sie den Stückpreis brutto, den jedes Klassenmitglied bezahlen müsste.

Stückpreis brutto pro Schüler/-in	

2. Die Geschäftsleitung der Nabek GmbH entschließt sich, den Maximalpreis von 1 200,00 EUR brutto für die T-Shirts zu akzeptieren. Am Folgetag sendet sie die Auftragsbestätigung. Herr Kessler zeigt diese auch sofort freudig seiner Klasse.

Nabek GmbH
NACHHALTIGE BEKLEIDUNG

Nabek GmbH, Sommerwiese 17, 72488 Sigmaringen
Herrn
Fabian Kessler
Weidenweg 15a
72488 Sigmaringen

Angebot: A47
Kunden-Nr.: 8846
Versandart: Paketdienst
Verkäufer: Frau Linz

Datum: 22.05.20..

AUFTRAGSBESTÄTIGUNG

Artikel	Bezeichnung	Menge	Einzelpreis	Gesamtpreis
55876	T-Shirt „Fashion made by yourself" mit Logoaufdruck	32	34,25 EUR	1 096,00 EUR
	Rabatt von 8 %			87,68 EUR
			Zwischensumme	1 008,32 EUR
			+ 19 % USt	191,58 EUR
			Gesamtsumme	1 199,90 EUR

Zahlungsbedingung: innerhalb 14 Tagen abzgl. 2 % Skonto oder 30 Tage netto
Lieferbedingungen: frei Haus
Liefertermin: innerhalb 14 Tagen nach Auftragseingang

Nabek GmbH
Telefon: 07571 24588-0
Telefax: 07571 24588-99
E-Mail: info@nabek.de

Geschäftsführerin: Annelie Bahr
Sitz der Gesellschaft: Sigmaringen
Handelsregister HRB 664884
USt-ID-Nr.: DE304454459

Bankverbindung:
Kreissparkasse Sigmaringen
IBAN: DE74 6535 1050 5008 5200 06
BIC: SOLADES1SIG

2.1 Arbeiten Sie aus der Auftragsbestätigung heraus, ob der gewünschte Liefertermin eingehalten wird.

2.2 Begründen Sie, ob nun ein Kaufvertrag zwischen der Nabek GmbH und dem Klassenlehrer, Herrn Kessler, zustande gekommen ist.

	Ja	Nein	Begründung
Kaufvertrag			

2.3 Erklären Sie für diesen Fall, wie das Verpflichtungsgeschäft und das Erfüllungsgeschäft entstehen.

Verpflichtungsgeschäft	Erfüllungsgeschäft

3. Die Klasse hat einen Rabatt von 8 % erhalten. Nennen Sie zwei weitere Abschläge, die möglich gewesen wären und geben Sie je ein Beispiel.

Weitere mögliche Abschläge	Beispiel

4. Begründen Sie, ob ein Bonus bei diesem Kaufvertrag möglich wäre.

8 T-Shirts versenden, Rechnung und Zahlungseingang prüfen

Schulbuch Kap. 3.5–3.7

Situation:

Am 3. Juni 20.. ist bei Fabian Kessler ein großes Paket angekommen. Es sind die Abschluss-T-Shirts seiner Klasse!

Nachfolgender Lieferschein und Rechnung sind im Paket enthalten:

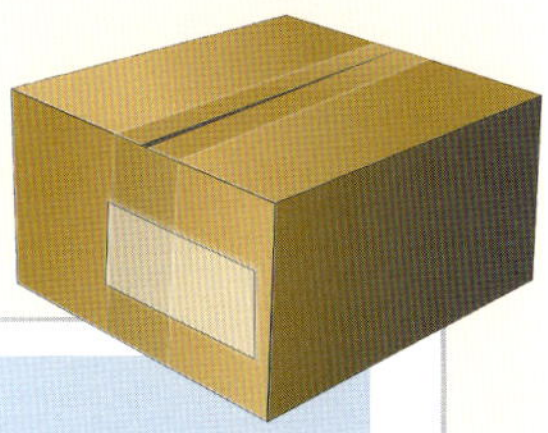

Nabek GmbH
NACHHALTIGE BEKLEIDUNG

Nabek GmbH, Sommerwiese 17, 72488 Sigmaringen
Herrn
Fabian Kessler
Weidenweg 15a
72488 Sigmaringen

Auftrag: A47
Auftragsdatum: 22.05.20..
Kunden-Nr.: 8846
Verkäufer: Frau Linz

Datum: 03.06.20..

LIEFERSCHEIN

Artikel	Bezeichnung	Menge	Einzelpreis	Gesamtpreis
55876	T-Shirt „Fashion made by yourself" mit Logoaufdruck	32		

Lieferbedingungen: frei Haus
Liefertermin: 03.06.20.. durch Paketversand DHL

Nabek GmbH
NACHHALTIGE BEKLEIDUNG

Nabek GmbH, Sommerwiese 17, 72488 Sigmaringen
Herrn
Fabian Kessler
Weidenweg 15a
72488 Sigmaringen

Auftrag: A47
Auftragsdatum: 22.05.20..
Kunden-Nr.: 8846
Verkäufer: Frau Linz

Datum: 03.06.20..

RECHNUNG-NR.: R47

Artikel	Bezeichnung	Menge	Einzelpreis	Gesamtpreis
55876	T-Shirt „Fashion made by yourself" mit Logoaufdruck	32	34,25 EUR	1 096,00 EUR
	Rabatt von 8 %			87,68 EUR
			Zwischensumme	1 008,32 EUR
			+ 19 % USt	191,58 EUR
			Gesamtsumme	1 199,90 EUR

Zahlungsbedingung: innerhalb 14 Tagen abzgl. 2 % Skonto oder 30 Tage netto

Arbeitsaufträge:

1. Erklären Sie, welche Aufgabe der Lieferschein hat.

____

____

____

____

2. Benennen Sie die erforderlichen Angaben einer Rechnung (Material 1).

(1) _______________

(2) _______________

(3) _______________

(4) _______________

(5) _______________

(6) _______________

(7) _______________

(8) _______________

(9) _______________

(10) _______________

(11) _______________

3. Weisen Sie nach, dass der Liefertermin eingehalten wurde.

____

____

____

____

4. Überprüfen Sie rechnerisch, ob der ausgewiesene Umsatzsteuerbetrag korrekt ist.

Material 1: Rechnung

Nabek GmbH
NACHHALTIGE BEKLEIDUNG

Nabek GmbH, Sommerwiese 17, 72488 Sigmaringen (1)
Herrn
Fabian Kessler
Weidenweg 15a (2)
72488 Sigmaringen

Auftrag: A47
Auftragsdatum: 22.05.20.. (6)
Kunden-Nr.: 8846
Verkäufer: Frau Linz

Datum: 03.06.20.. (5)

RECHNUNG-Nr. R47 (4)

Artikel	Bezeichnung	Menge	Einzelpreis	Gesamtpreis
55876	T-Shirt „Fashion made by yourself" mit Logoaufdruck Rabatt von 8 % (7)	32	34,25 EUR	1 096,00 EUR 87,68 EUR
			Zwischensumme	1 008,32 EUR (8)
			(9) + 19 % USt	191,58 EUR
			Gesamtsumme	1 199,90 EUR (10)

(11)
Zahlungsbedingung: innerhalb 14 Tagen abzgl. 2 % Skonto oder 30 Tage netto

Lieferbedingungen: frei Haus

Liefertermin: 03.06.20.. durch Paketversand DHL

Nabek GmbH
Telefon: 07571 24588-0
Telefax: 07571 24588-99
E-Mail: info@nabek.de

Geschäftsführerin: Annelie Bahr
Sitz der Gesellschaft: Sigmaringen
Handelsregister HRB 664884
USt-ID-Nr.: DE304454459 (3)

Bankverbindung:
Kreissparkasse Sigmaringen
IBAN: DE74 6535 1050 5008 5200 06
BIC: SOLADES1SIG

5. Fabian Kessler bringt die T-Shirts mit in die Klasse. Nach genauerem Betrachten fällt Natascha auf, dass der Halsausschnitt bei den gelieferten T-Shirts anders ist, als sie es für die Bestellung in Erinnerung hatte.

   Die Klasse prüft dies – und tatsächlich: Der Rundhalsausschnitt ist kleiner.

   Daraufhin gibt Herr Kessler seiner Klasse den Hinweis, dass in diesem Fall ein Mangel vorliegt und sie das Recht haben, die T-Shirts zurückzusenden. Doch die Klasse ist sich einig, dass ihnen dies aus zeitlichen Gründen nicht so wichtig ist.

   Ein Preisnachlass wäre ihnen lieber.

   Nach einem Telefonat mit der Nabek GmbH ist die Situation in Bezug auf die T-Shirts besprochen. Die Nabek GmbH sendet unverzüglich die folgende Gutschrift:

Nabek GmbH
NACHHALTIGE BEKLEIDUNG

Nabek GmbH, Sommerwiese 17, 72488 Sigmaringen
Herrn
Fabian Kessler
Weidenweg 15a
72488 Sigmaringen

Auftrag: A47
Auftragsdatum: 22.05.20..
Kunden-Nr.: 8846
Verkäufer: Frau Linz

Datum: 06.06.20..

GUTSCHRIFT – G47

Artikel	Bezeichnung	Menge	Einzelpreis	Gesamtpreis
Falsch-lieferung	Preisnachlass auf: T-Shirt „Fashion made by yourself" mit Logoaufdruck	32	1,00 EUR	32,00 EUR
			Zwischensumme	32,00 EUR
			+ 19 % USt	6,08 EUR
			Gesamtsumme	38,08 EUR

Bitte ziehen Sie oben genannten Betrag von Ihrer Rechnungssumme der Rechnung Nr. R47 vom 03.06.20.. ab.
Wir entschuldigen uns für diesen Fehler, bedanken uns aber für Ihre Toleranz.

Berechnen Sie auf Basis der Rechnung (Material 1) und der Gutschrift den Betrag, den die Klasse überweisen muss (ohne und mit Skontoabzug).

Ohne Skontoabzug:	
Mit Skontoabzug	

6. Am 12.06.20.. ist die Zahlung von Herrn Kessler für die T-Shirts seiner Abschlussklasse auf dem Bankkonto der Nabek GmbH eingegangen.

Nabek GmbH
NACHHALTIGE BEKLEIDUNG

Folgender Kontoauszug liegt der Nabek GmbH vor:

IBAN		BIC
DE74653510505008520006	KREISSPARKASSE SIGMARINGEN	SOLADES1SIG

Buchungstag	Tag der Wertstellung	Verwendungszweck/Buchungstext	
		alter Kontostand	+ 13688,80
12.06.	12.06.	Rechnung R47 vom 03.06. abzgl. Skonto Fabian Kessler, Wirtschaftsschule	+ 1138,58
		neuer Kontostand	+ 14827,38

Nabek GmbH
Sommerwiese 17
72488 Sigmaringen

UST-ID DE 146812875

Kontoauszug vom 11.06.20.. | Auszug 181 | Blatt 1

Bitte beachten Sie die Hinweise auf der Rückseite

SIK – KAD 8/98 S

50/00

6.1 Prüfen Sie, ob der überwiesene Betrag korrekt (rechnerische Prüfung) und der Skontoabzug berechtigt ist (sachliche Prüfung).

	Ja	Nein	Begründung
Rechnerisch korrekt?			
Sachlich richtig?			

6.2 Berechnen Sie den spätesten Zahlungszeitpunkt.

Zur Erinnerung:

Rechnungsdatum: 03.06.20..

Zahlungsbedingungen: 2 % Skonto innerhalb 14 Tagen oder 30 Tage netto

Spätester Zahlungszeitpunkt	

Schulbuch
Kap. 4

9 Auftragsbearbeitung nachhaltig gestalten

Situation:

Nabek GmbH
NACHHALTIGE BEKLEIDUNG

Die beiden Auszubildenden Lisa und Elias haben in der Berufsschule viel über das Thema Nachhaltigkeit gehört. Ihr Ausbildungsbetrieb, die Nabek GmbH vertreibt nachhaltige Bekleidung. Sie wollen herausfinden, in welchen anderen Bereichen Unternehmen nachhaltig handeln können. Dazu fallen ihnen einige Bereiche ein.

Arbeitsaufträge:

1. Überlegen Sie sich nachhaltigkeitsspezifische Vor- und Nachteile einer E-Mail gegenüber einem Postbrief.

___

___

___

___

___

___

___

2. Beschreiben Sie den ökologischen Fußabdruck elektronischer Post.

___

___

___

___

___

___

___

3. Warum sollten Unternehmen Nachhaltigkeit bei der Abwicklung eines Auftrags berücksichtigen?

4. Nennen Sie Beispiele für ökologisch nachhaltige Verpackungen.

Schulbuch Kap. 5.1–5.10

10 Eine Tabelle mithilfe von EXCEL erstellen, erweitern und gestalten

Situation:

Der Praktikant Jonas Schwanemann durchläuft während seines Praktikums bei der Nabek GmbH alle Unternehmensbereiche. Zurzeit befindet er sich in der EDV-Abteilung. Hier gefällt es ihm bisher am besten, da er immer wieder vor neue Herausforderungen gestellt wird und er hier die Möglichkeit hat, diese auch selbstständig zu meisten.

Nabek GmbH
NACHHALTIGE BEKLEIDUNG

Herr Ludewig, der Abteilungsleiter der EDV, ist ebenfalls sehr zufrieden mit der Arbeit von Jonas, sodass er seine Mitarbeiter dazu angehalten hat, Jonas nicht zu „schonen" und ihn als vollwertiges Mitglied im Team zu betrachten. Dies führt allerdings auch dazu, dass einige Mitarbeiterinnen und Mitarbeiter die Chance nutzen und ungeliebte Aufgaben auf Jonas abwälzen möchten. So bekommt er unter anderem von einer Mitarbeiterin die Aufgabe, mehrere identische Tabellen in EXCEL zu erstellen. Da Jonas schlecht Nein sagen kann, stellt er sich der Aufgabe – und das, obwohl er noch nie mit EXCEL gearbeitet hat. Als er Microsoft EXCEL auf seinem Computer öffnet und der Startbildschirm erscheint, wird ihm ganz anders:

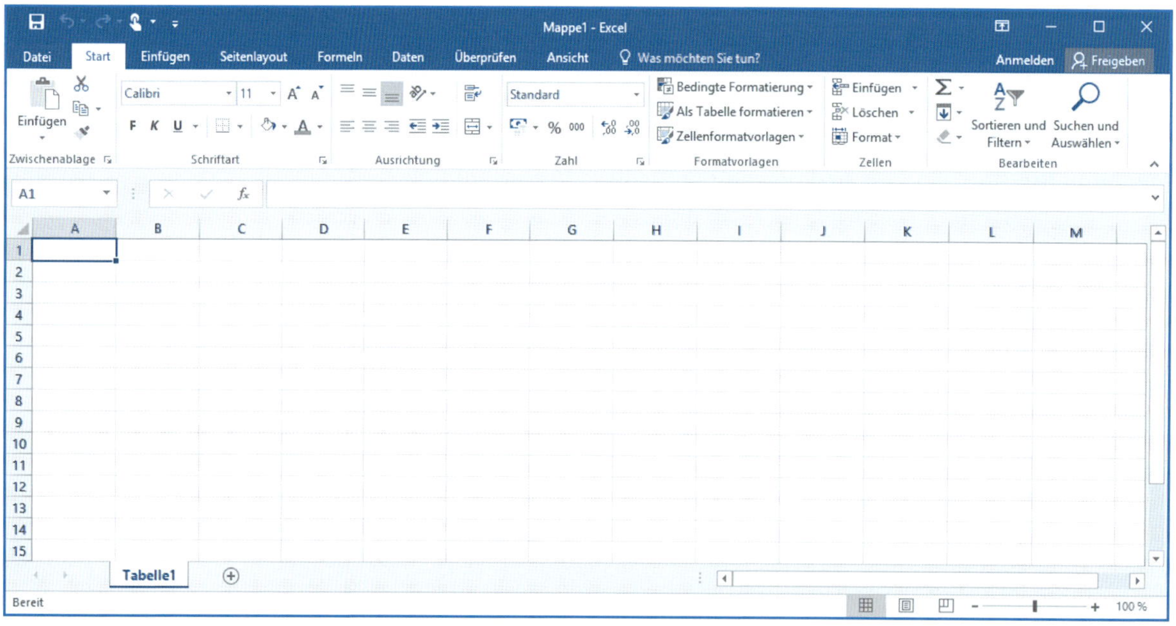

„Was habe ich mir da nur zugemutet? Wie soll ich das nur schaffen?

Er beginnt im Internet nach passenden Onlinehilfen zu suchen und wird teilweise fündig.

Arbeitsaufträge:

1. Mithilfe von EXCEL lassen sich unter anderem einfache Tabellen erstellen.

   1.1 Beschriften Sie den auf der Folgeseite abgebildeten Startbildschirm von EXCEL mit den richtigen Fachbegriffen.

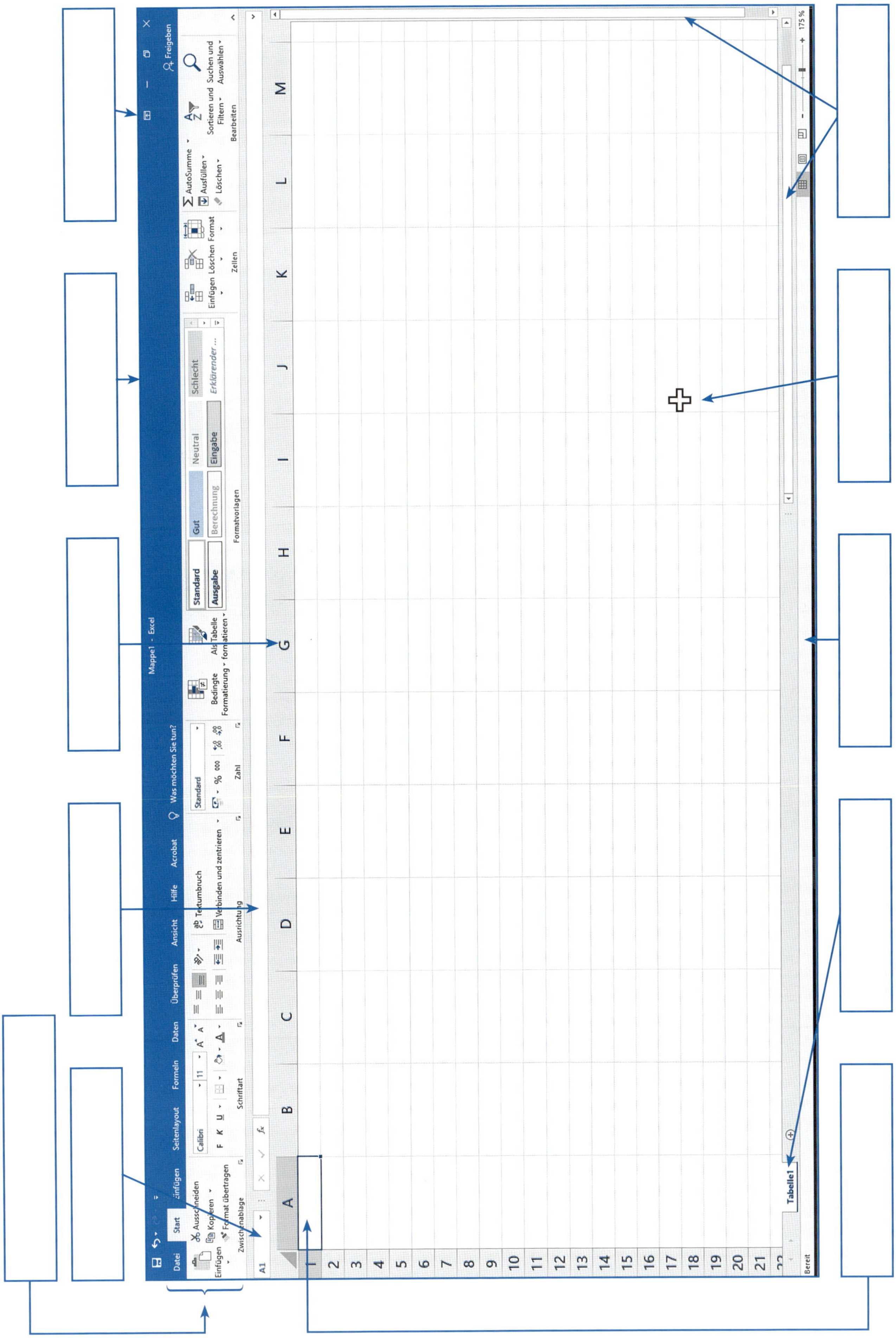
Mappe1 - Excel
Datei
Start
Einfügen
Seitenlayout
Formeln
Daten
Überprüfen
Ansicht
Hilfe
Acrobat
Was möchten Sie tun?
Freigeben
Ausschneiden
Kopieren
Format übertragen
Zwischenablage
Calibri
Schriftart
Textumbruch
Verbinden und zentrieren
Ausrichtung
Standard
Zahl
Bedingte Formatierung
Als Tabelle formatieren
Standard
Gut
Neutral
Schlecht
Ausgabe
Berechnung
Eingabe
Erklärender ...
Formatvorlagen
Einfügen
Löschen
Format
Zellen
AutoSumme
Ausfüllen
Löschen
Sortieren und Filtern
Suchen und Auswählen
Bearbeiten
A1
A
B
C
D
E
F
G
H
I
J
K
L
M
Tabelle1
Bereit
175 %

1.2 Füllen Sie den folgenden kleinen Test für den Einstieg mit Microsoft EXCEL aus.

Test „Einstieg in EXCEL“

Name	
Punkte	________ von 12 Punkten
%-Satz	

1. Mit welchem Zeichen beginnt die Eingabe von Formeln und Funktionen (2 Punkte)?

2. Wie lautet die Dateiendung einer EXCEL-Datei (2 Punkte)?

3. Welche mathematischen Operatoren gibt es in EXCEL (2 Punkte)?

4. Welche Rolle spielt der Doppelpunkt bei EXCEL (2 Punkte)?

5. Wohin muss geklickt werden, wenn eine Datenreihe automatisch ausgefüllt werden soll (2 Punkte)?

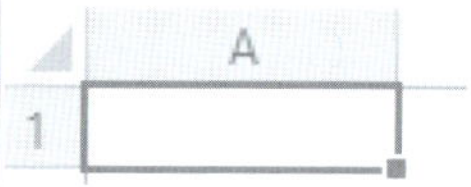

6. Welches Zeichen steht in EXCEL für die Summe (2 Punkte)?

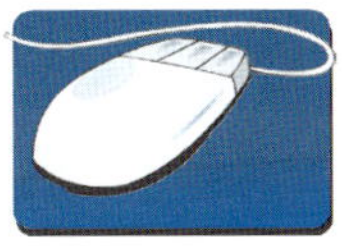

2. Arbeiten mit EXCEL kann ganz einfach sein. Der Einsatz von einfachen Formeln und Funktionen in EXCEL erleichtert das Standardisieren von wirtschaftlichen Berechnungen.

2.1 Ergänzen Sie im ersten Schritt die entsprechenden Summenformeln. Schreiben Sie die Formeln in das Arbeitsheft und übernehmen Sie die Formeln anschließend in eine EXCEL-Tabelle.

	A	B	C	D	E
1	**Nabek GmbH**				
2					
3			**Umsätze**		
4	**Name**	**Jahr 1**	**Jahr 2**	**Jahr 3**	**Summe**
5	Ollmann	61.200,00 €	44.100,00 €	67.000,00 €	
6	Nieland	59.600,00 €	33.020,00 €	61.432,00 €	
7	Imken	44.900,00 €	34.670,00 €	23.450,00 €	
8	Janßen	33.450,00 €	27.344,00 €	78.678,00 €	
9	Ulsamer	51.400,00 €	80.200,00 €	79.021,00 €	

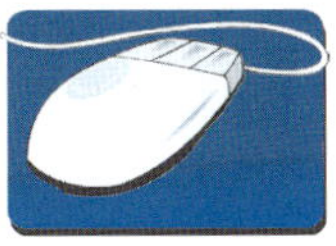

2.2 Im zweiten Schritt soll der kleinste und größte sowie der durchschnittliche Umsatz innerhalb der einzelnen Jahre ermittelt werden. Tragen Sie die jeweiligen Funktionen in die freien Felder in das Arbeitsheft ein und erweitern Sie dann Ihre Tabelle in EXCEL.

	A	B	C	D	E
1	**Nabek GmbH**				
2					
3			**Umsätze**		
4	**Name**	**Jahr 1**	**Jahr 2**	**Jahr 3**	**Summe**
5	Ollmann	61.200,00 €	44.100,00 €	67.000,00 €	172.300,00 €
6	Nieland	59.600,00 €	33.020,00 €	61.432,00 €	154.052,00 €
7	Imken	44.900,00 €	34.670,00 €	23.450,00 €	103.020,00 €
8	Janßen	33.450,00 €	27.344,00 €	78.678,00 €	139.472,00 €
9	Ulsamer	51.400,00 €	80.200,00 €	79.021,00 €	210.621,00 €
10	Gesamtumsatz				
11	Minimum:				
12	Maximum:				
13	Durchschnitt:				

2.3 Im dritten Schritt soll der Anteil der Mitarbeiter am Gesamtumsatz ermittelt werden. Erweitern Sie hierfür Ihre EXCEL-Tabelle und benutzen Sie für die Berechnung die absolute Adressierung.

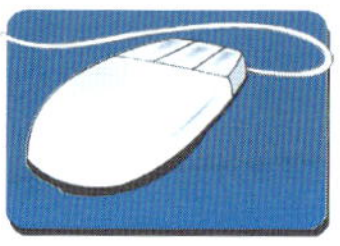

	A	B	C	D	E	F
1	**Nabek GmbH**					
2						
3		**Umsätze**				
4	**Name**	**Jahr 1**	**Jahr 2**	**Jahr 3**	**Summe**	**Anteil am Gesamtumsatz in Prozent**
5	Ollmann	61.200,00 €	44.100,00 €	67.000,00 €	**172.300,00 €**	
6	Nieland	59.600,00 €	33.020,00 €	61.432,00 €	**154.052,00 €**	
7	Imken	44.900,00 €	34.670,00 €	23.450,00 €	**103.020,00 €**	
8	Janßen	33.450,00 €	27.344,00 €	78.678,00 €	**139.472,00 €**	
9	Ulsamer	51.400,00 €	80.200,00 €	79.021,00 €	**210.621,00 €**	
10	Gesamtumsatz				**779.465,00 €**	
11	Minimum:	**33.450,00 €**	**27.344,00 €**	**23.450,00 €**	**103.020,00 €**	
12	Maximum:	**61.200,00 €**	**80.200,00 €**	**79.021,00 €**	**779.465,00 €**	
13	Durchschnitt:	**50.110,00 €**	**43.866,80 €**	**61.916,20 €**	**259.821,67 €**	

2.4 Erklären Sie den Unterschied zwischen relativen und absoluten Zellbezügen.

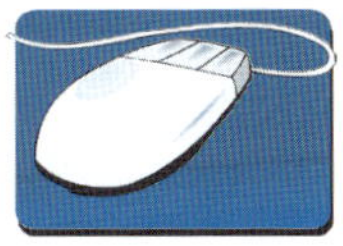

2.5 Bei Bedarf können Sie jetzt noch eine Rangfolge der einzelnen Mitarbeiter bilden. Erweitern Sie letztmalig Ihre Tabelle in EXCEL und legen Sie den jeweiligen Rang fest. Übernehmen Sie die Rangfolge in das Arbeitsheft.

Rang	Name
1. Platz	
2. Platz	
3. Platz	
4. Platz	
5. Platz	

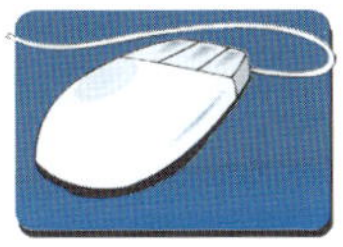

3. In EXCEL können Tabellen optisch formatiert werden. Hierzu gehört beispielsweise die farbliche Gestaltung, die Veränderung der Schriftgrößen und Schriftarten.

3.1 Erklären Sie die Bedeutung ausgewählter Icons/Buttons, die in Zusammenhang mit der Formatierung von EXCEL-Tabellen stehen.

	Icon	Bedeutung
1.	Arial	
2.	10	
3.	**F**	
4.	***K***	
5.	**U**	
6.		
7.		
8.		
9.		
10.		
11.		

	Icon	Bedeutung
12.	%	
13.	000	
14.	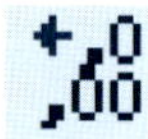	
15.	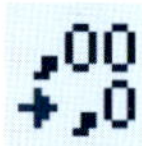	
16.	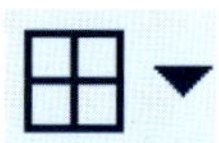	
17.		
18.	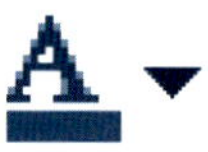	

3.2 Übernehmen Sie die folgende Tabelle inklusive der Formatierungen in EXCEL. Beachten Sie dabei folgende Bearbeitungshinweise:

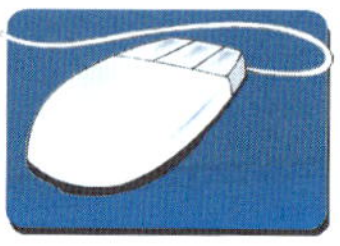

- Verwenden Sie die dazugehörigen Formeln.
- Die Tabelle soll universell einsetzbar sein.
- Die Tabelle soll auf eine Seite passen.

	A	B	C	D	E
1	**Nebenkostenabrechnung im Jahr 20...**				
2					
3	1.	Grundsteuer		344,00 €	
4	2.	Entwässerungs- und Deichbeiträge		36,00 €	
5	3.	Gebäudeversicherung		289,00 €	
6	4.	Gebäudehaftpflicht		54,00 €	
7	5.	Abfallgebühren		198,00 €	
8	6.	Schornsteinfeger		81,00 €	
9	7.	Heizungswartung		72,00 €	
10					
11		*Summe der Nebenkosten zum 31.12.20...*			
12					
13		*Vorauszahlungen*		1.000,00 €	
14					
15		Endsumme			
16					

11 Daten mithilfe von EXCEL grafisch darstellen

Schulbuch Kap. 5.11

Situation:

Für ein Marketing-Meeting bei der Nabek GmbH soll eine Präsentation vorbereitet werden. Hierfür möchte der Abteilungsleiter Timo Frei die aktuellen Zahlen seiner Abteilung grafisch aufbereitet haben. Aus diesem Grund bittet er die Produktmanagerin Sarah Millé diese Aufgabe zu übernehmen. Folgende Zahlen liegen Frau Millé jetzt schon vor:

Interne Mitteilung

an: Sarah Millé (Marketing)
von: Frank Heim

Abteilung: Buchhaltung
Datum: 26.01.20..
Zeichen: hei

Informationen zu den Vertreterumsätzen im 4. Quartal 20..

Vertreterumsätze im 4. Quartal 20..				
Name	**Oktober**	**November**	**Dezember**	**Summe**
Ollmann	5 100,00 EUR	4 000,00 EUR	4 900,00 EUR	14 000,00 EUR
Nieland	2 900,00 EUR	1 600,00 EUR	6 800,00 EUR	11 300,00 EUR
Imken	3 500,00 EUR	2 000,00 EUR	5 700,00 EUR	11 200,00 EUR
Janßen	3 800,00 EUR	2 200,00 EUR	6 000,00 EUR	12 000,00 EUR
Ulsamer	4 800,00 EUR	3 200,00 EUR	7 800,00 EUR	15 800,00 EUR

Mit freundlichen Grüßen

Frank Heim

Frau Millé kommt auf die Idee, die Zahlen in EXCEL zu übernehmen, um anschließend ein schönes Diagramm erstellen zu können. Da sie schon lange nicht mehr mit EXCEL gearbeitet hat, bereitet ihr das Erstellen des Diagrammes schon einige Probleme. *„Wie bekomme ich nur die Achsen beschriftet und einen passenden Diagrammtitel hin“*, seufzt sie. Nach einigen Stunden hat sie es aber doch geschafft! Ein schönes Kreis- bzw. Tortendiagramm ist entstanden – ob das der richtige Diagrammtyp ist?

Arbeitsaufträge:

1. Mithilfe von EXCEL lassen sich verschiedene Diagrammtypen erstellen.

   1.1 Erläutern Sie, warum das Präsentieren von Diagrammen bzw. Grafiken bei einem Meeting besser geeignet ist, als das bloße Auflisten von Zahlenmaterial.

   1.2 Nennen Sie die vier meist verwendeten Diagrammtypen von EXCEL und erstellen Sie jeweils eine kleine Skizze dazu.

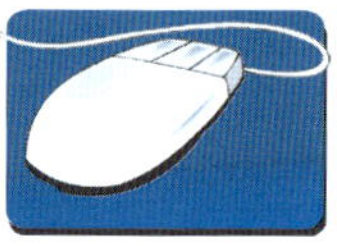

➤ Diagrammtyp: ______________________

➤ Diagrammtyp: ______________________

➤ Diagrammtyp: ______________________________

➤ Diagrammtyp: ______________________________

1.3 Die von Ihnen gesammelten Diagrammtypen unterscheiden sich nicht nur optisch, denn jeder Diagrammtyp hat seine Stärken und Schwächen. Das heißt, dass häufig der Diagrammtyp schon durch die Ausgangsdaten oder die Zielgruppe vorgegeben ist.

1.3.1 Geben Sie für die vier meist verwendeten Diagrammtypen in EXCEL den optimalen Einsatzbereich bzw. deren Funktion an.

Diagrammtyp:	**Diagrammtyp:**
______________________	______________________
➤ ______________________	➤ ______________________
➤ ______________________	➤ ______________________
➤ ______________________	➤ ______________________
➤ ______________________	➤ ______________________
➤ ______________________	➤ ______________________
➤ ______________________	➤ ______________________

Diagrammtyp:	**Diagrammtyp:**
➤	➤
➤	➤
➤	➤
➤	➤
➤	➤
➤	➤

1.3.2 Wählen Sie für Frau Millé den optimalen Diagrammtypen aus. Begründen Sie Ihre Entscheidung.

optimaler Diagrammtyp	

Begründung:

2. 2.1 Übernehmen Sie die Tabelle aus der Ausgangssituation in EXCEL. Erstellen Sie anschließend das passende Diagramm. Beachten Sie dabei folgende Bearbeitungshinweise:

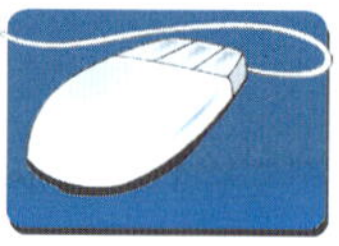

- ➤ Verwenden Sie die dazugehörigen Formeln.
- ➤ Die Tabelle soll universell einsetzbar sein.
- ➤ Die Tabelle soll auf eine Seite passen.
- ➤ Die Tabelle soll optisch (nützlich) aufbereitet sein.
- ➤ Das Diagramm soll mindestens folgende Kriterien erfüllen:
  - Diagrammtitel,
  - Achsentitel und -beschriftungen,
  - Legende.

2.2 Erstellen Sie für Frau Millé eine sogenannte **KLICK-ANLEITUNG** für das Erstellen von Diagrammen in EXCEL.

Beispiel:

- Zellen markieren (deren Inhalte im Diagramm erscheinen sollen)
- Klick auf Einfügen-Menüleiste
- ...

KLICK-ANLEITUNG zur Diagrammerstellung

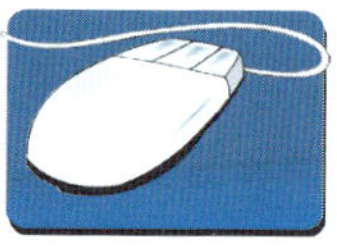

2.3 Überprüfen Sie die Richtigkeit der KLICK-ANLEITUNG Ihres Sitznachbarn, indem Sie die folgende Tabelle mithilfe seiner erstellten KLICK-ANLEITUNG selbstständig in ein Diagramm umwandeln.

Interne Mitteilung

Nabek GmbH
NACHHALTIGE BEKLEIDUNG

an: Sara Millé (Marketing)
von: René Pryleva

Abteilung: Marketing
Datum: 28.01.20..
Zeichen: pry

Entwicklung der Marktanteile in den Jahren 1 bis 7 in %

Land	Jahr 1	Jahr 2	Jahr 3	Jahr 4	Jahr 5	Jahr 6	Jahr 7
Deutschland	6 %	8 %	17 %	22 %	24 %	24 %	26 %
Österreich	3 %	2 %	6 %	7 %	6 %	14 %	17 %
Schweiz	4 %	5 %	12 %	11 %	14 %	17 %	22 %
Niederlande	2 %	3 %	2 %	8 %	9 %	9 %	13 %

Mit freundlichen Grüßen

René Pryleva

2.4 Die Diagramme sollen auf dem Meeting per Präsentationssoftware präsentiert werden. Hierfür werden die Diagramme einfach kopiert.

2.4.1 Kopieren Sie Ihre fertigen Diagramme in eine Präsentationssoftware Ihrer Wahl.

2.4.2 Skizzieren Sie, welche Probleme beim Einfügen der Diagramme entstehen können und wie diese ggf. behoben werden können.

Probleme	Lösungen

1 Werteströme aus Belegen ableiten

Schulbuch Kap. 1–5

Situation:

Zurzeit ist Lisa in der Abteilung Buchhaltung bei der Nabek GmbH in Sigmaringen eingesetzt. Sie wird bereits vom Abteilungsleiter Karl Müller erwartet. Dieser führt Lisa zunächst durch die Abteilung und zeigt ihr ihren neuen Arbeitsplatz. Dort liegt eine rote Mappe, in der sich offensichtlich mehrere Blätter befinden.

Herr Müller erklärt Lisa, dass demnächst der Monatsabschluss ansteht und dafür noch die letzten Vorbereitungen getroffen werden müssen. In der Mappe befinden sich verschiedene Belege des vergangenen Tages, die in der Buchhaltung noch nicht berücksichtigt wurden.

Herr Müller bittet Lisa, die Schreiben zunächst einmal vorzusortieren, damit sie danach schneller kontiert werden können. Lisa ist ein bisschen verunsichert. Bisher war ihr nicht bewusst, dass man Belege sortiert, sie hätte die Schreiben einfach der Reihe nach abgelegt. Herr Müller erklärt ihr, dass es für die Buchführung klare gesetzliche Vorgaben gibt, die die Nabek GmbH zwingend einzuhalten hat. Zur Einarbeitung in diese Thematik gibt ihr Herr Müller ein Fachbuch und erlaubt ihr, im Internet ein wenig zu recherchieren.

Arbeitsaufträge:

1. Bestimmen Sie für die Belege 1 bis 5,
   - welche Informationen sich aus ihnen ableiten lassen,
   - ob es sich jeweils um Fremd- oder Eigenbelege handelt,
   - wie lange die Aufbewahrungsfrist ist.

   Nutzen Sie hierfür die Tabelle (Material 1).
2. Bearbeiten Sie Material 2, indem Sie
   2.1 die Buchführungspflicht gem. § 238 I HGB und die Bestimmungen zur ordnungsgemäßen Aufbewahrung der Buchführungsunterlagen beschreiben,
   2.2 stichwortartig folgende wichtige Grundsätze ordnungsmäßiger Buchführung erläutern; *Allgemeiner Grundsatz – Klarheit/Übersichtlichkeit – Vollständigkeit/Richtigkeit – Lesbarkeit der Daten*

   Recherchieren Sie hierzu gezielt im Internet.
3. Recherchieren Sie im Internet, wie Verstöße gegen die GoB geahndet werden.

Beleg 1

Quittung

Netto EUR	380,00
+ 19 % MwSt./EUR	72,20
Gesamt EUR	452,20

Quittung

Nr. 32

EUR in Worten: Vierhundertzweiundfünfzig — Cent wie oben

von: Nabek GmbH

für: Kopierpapier

dankend erhalten.

Ort/Datum: Sigmaringen, 28.03.20..

Buchungsvermerke

Stempel/Unterschrift des Empfängers

Max Heimlich e.Kfm.

Beleg 2

Nabek GmbH
NACHHALTIGE BEKLEIDUNG

Nabek GmbH, Sommerwiese 17, 72488 Sigmaringen
Herrn
Fabian Kessler
Weidenweg 15a
72488 Sigmaringen

Auftrag:	A47
Auftragsdatum:	14.03.20..
Kunden-Nr.:	8846
Verkäufer:	Frau Linz
Datum:	28.03.20..

LIEFERSCHEIN

Artikel	Bezeichnung	Menge	Einzelpreis	Gesamtpreis
55876	T-Shirt „Fashion made by yourself" mit Logoaufdruck	32		

Lieferbedingungen: frei Haus
Liefertermin: 28.03.20.. durch Paketversand DHL

Beleg 3

Trendmode-Mengen GmbH, Hauptstr. 10, 88512 Mengen
Nabek GmbH
Sommerwiese 17
72488 Sigmaringen

Trendmode-Mengen GmbH
Hauptstr. 10
88512 Mengen
Tel. 07572 6788-490
Fax 07572 6788-499

E-Mail: post@trendmode-mengen.de
Internet: www.trendmode-mengen.de

Rechnungsdatum: 28.03.20..
Lieferdatum: 28.03.20..

RECHNUNG-NR.: 04-125

Artikelbezeichnung	Menge	Einzelpreis	Gesamtpreis
Hoodie-Kleider	500 Stück	6,00 EUR	3 000,00 EUR
		Zwischensumme	3 000,00 EUR
		+ 19 % USt	570,00 EUR
		Gesamtsumme	3 570,00 EUR

Zahlungsbedingung: 3% Skonto innerhalb 30 Tage oder 60 Tage netto.

Beleg 4

Nabek GmbH
NACHHALTIGE BEKLEIDUNG

Nabek GmbH, Sommerwiese 17, 72488 Sigmaringen
Herrn
Fabian Kessler
Weidenweg 15a
72488 Sigmaringen

Auftrag: A47
Auftragsdatum: 14.03.20..
Kunden-Nr.: 8846
Verkäufer: Frau Linz

Datum: 28.03.20..

RECHNUNG-NR.: R47

Artikel	Bezeichnung	Menge	Einzelpreis	Gesamtpreis
55876	T-Shirt „Fashion made by yourself" mit Logoaufdruck	32	34,25 EUR	1 096,00 EUR
	Rabatt von 8 %			87,68 EUR
			Zwischensumme	1 008,32 EUR
			+ 19 % USt	191,58 EUR
			Gesamtsumme	1 199,90 EUR

Zahlungsbedingung: innerhalb 14 Tagen abzgl. 2 % Skonto oder 30 Tage netto

Beleg 5

IBAN
DE74653510505008520006 | KREISSPARKASSE SIGMARINGEN | BIC SOLADES1SIG

Buchungstag	Tag der Wertstellung	Verwendungszweck/Buchungstext	
		alter Kontostand	+ 13 688,80
28.03.	28.03.	Geldautomat GA NR0005234	– 1 000,00

Nabek GmbH
Sommerwiese 17
72488 Sigmaringen

neuer Kontostand + 12 688,80

UST-ID DE 146812875

Kontoauszug vom 28.03.20.. | Auszug 181 | Blatt 1

Bitte beachten Sie die Hinweise auf der Rückseite

SIK – KAD 8/98 S

50/00

Material 1: Tabellarische Übersicht

Beleg	Information	Fremdbeleg	Eigenbeleg	Aufbewahrungsfrist (in Jahren)
1				
2				
3				
4				
5				

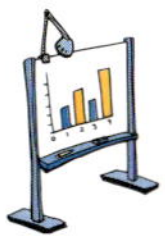

Material 2: Grundlagen ordnungsmäßiger Buchführung

Buchführungspflicht gem. § 238 I HGB: ______________________

____

____

____

Allgemeiner Grundsatz:

____

Grundsatz: ______

____

Grundsatz: ______

____

Grundsatz: Lesbarkeit der Daten

____

Ordnungsgemäße Aufbewahrung der Buchführungsunterlagen

____

Schulbuch Kap. 6

2 Kassenbuch und Kassenkonto führen

Situation:

Lisa soll demnächst das Kassenbuch führen. Die Nabek GmbH muss alle Bargeldbewegungen zeitnah und vollständig erfassen. Das bedeutet: Alles, was bar eingenommen oder bezahlt wird, steht im Kassenbuch. Sollte sich Lisa mal verschrieben haben und müsste etwas ändern, darf sie das nur, wenn das Datum vermerkt und der ursprüngliche Inhalt noch lesbar ist. Sie darf die Eintragung auch nicht wegradieren oder mit dem Tintenkiller entfernen. Das Kassenbuch muss zehn Jahre aufbewahrt werden. Bis zum Ende dieser Frist müssen alle Eintragungen lesbar sein.

Arbeitsaufträge:

1. Um sich optimal auf ihre neue Aufgabe vorzubereiten, versucht Lisa, für sich zu Hause ein Kassenbuch zu führen.

   Tragen Sie in Lisas Kassenbuch die Einnahmen und Ausgaben für Januar ein. Im Moment hat Lisa noch 100,00 EUR in bar.

Nr.	Lisas Einnahmen und Ausgaben im Januar 20..
1	Kauf von Briefmarken bei der Post für 6,40 EUR am 02.01.
2	Tanken für 35,00 EUR am 06.01.
3	Parkgebühren in der Innenstadt am 08.01.: 1,50 EUR.
4	Einkauf beim Bäcker von zwei Nussschnecken à 1,60 EUR am 13.01.
5	Kauf eines Schulbuches am 14.01. für 19,90 EUR.
6	Aufladen der Kantinenkarte mit 25,00 EUR am 19.01.
7	Als nachträgliches Geburtstagsgeschenk erhält Lisa von ihrer Oma am 21.01. 150,00 EUR.
8	Am 25.01. Besorgung eines Entkalkers für 12,90 EUR für den Kaffeeautomat.
9	Kauf des fast vergessenen USB-Sticks für die Schule: 8,99 EUR am 29.01.
10	Die neue Gesichtscreme ist mit 15,79 EUR am 30.01. im Angebot. Lisa kauft sie sogleich.

Lisas Kassenbuch Januar 20..					
		Anfangsbestand:	100,00 EUR	Einnahmen:	
		Endbestand:		Ausgaben:	
Lfd. Nr.	**Datum**	**Text**	**Einnahmen**	**Ausgaben**	**Neuer Bestand**
1	02.01.	Briefmarken			
2					
3					
4					
5					
6					
7					
8					
9					
10					

2. Lisa ist es zu aufwendig, ständig den „neuen Bestand“ im Kassenbuch auszurechnen. Ab Februar wird sie nur am Monatsende den neuen Bestand ermitteln.

   Erfassen Sie die Bareinnahmen und Barausgaben chronologisch (zeitlich geordnet) in Lisas Kassenbuch.

Nr.	Lisas Einnahmen und Ausgaben im Februar 20..	
1	Anfangsbestand zum Monatsbeginn:	1 180,00 EUR
2	12.02.: Kinoeintritt	12,50 EUR
3	14.02.: Abendessen mit Freunden	45,80 EUR
4	25.02.: Frisörtermin	114,00 EUR
5	28.02.: Geschenk für Geburtstag	27,50 EUR
6	28.02.: Freundin zahlt geliehenes Geld zurück	85,00 EUR

Lisas Kassenbuch Januar 20..

Lfd. Nr.	Datum	Text	Einnahmen	Ausgaben
1	01.02.	Anfangsbestand		
2				
3				
4				
5				
6				
		Zwischensumme		
		Endbestand		

3. Nun ist es soweit: Lisa hat die Aufgabe bekommen, das erste Mal das Kassenkonto für die Nabek GmbH zu führen.

   Nabek GmbH – NACHHALTIGE BEKLEIDUNG

   Die Kasse weist einen Anfangsbestand von 4 150,00 EUR aus. Es ereignen sich folgende Geschäftsvorfälle, die den Kassenbestand verändern:

   Führen Sie das Konto Kasse und schließen Sie es nach Buchung der Geschäftsvorfälle ab.

Nr.	Geschäftsvorfälle	Betrag
1	Barzahlung der Benzinrechnung für den Lieferwagen	80,00 EUR
2	Gehaltsvorschuss an einen Mitarbeiter	500,00 EUR
3	Barverkauf von Waren	1 430,00 EUR
4	Quittung: Büromaterial	120,00 EUR
5	Quittung: Autowäsche	9,00 EUR
6	Ein Kunde zahlt bar und nimmt die Ware mit	80,00 EUR
7	Abholung des Blumenstraußes für die Verabschiedungsfeier	45,00 EUR
8	Lieferung der Getränke für die Verabschiedung	320,00 EUR
9	Paketannahme bestellter Artikel per Nachnahme	850,00 EUR
10	Einnahmen über Altpapierverkauf	120,00 EUR

S (Einnahmen)		Kasse	H (Ausgaben)
Anfangsbestand	4150,00		
		Schlussbestand	

4. Lisas Ausbilder ist für die nächsten Tage auf einer Fortbildung. Dennoch sollte das Kassenbuch für März fertiggestellt werden.

4.1 Lisa liegen sechs Belege vor (siehe Folgeseiten). Unterstützen Sie Lisa und formulieren Sie zunächst die zugrunde liegenden Geschäftsvorfälle.

	Geschäftsvorfälle
Beleg 1	Wir kaufen einen Blu-Ray-Player bar für 64,95 EUR.
Beleg 2	
Beleg 3	
Beleg 4	
Beleg 5	
Beleg 6	

4.2 Führen Sie aufgrund der Belege 1–6 das Kassenkonto und schließen Sie es ab.

S		Kasse	H
Anfangsbestand			

Beleg 1

Quittung

Nr.

netto EUR, Cent

+ ______ USt

Gesamt EUR, Cent ---- 64,95

EUR in Worten Cent wie oben: vierundsechzig ---------------

Von: Nabek GmbH

für: Blu-Ray-Player

Ort: Sigmaringen | Datum: 03. 03. 20. .

Buchungsvermerk

Stempel/Unterschrift

Elektrofachhandel Sigmaringen e. K.
Hauptstraße 13 b
72488 Sigmaringen

i. A. Georg Matuschek

Beleg 2

Relax-Action KG

Relax-Action KG – Industrieallee 51 – 01307 Dresden
Nabek GmbH
Sommerwiese 17
72488 Sigmaringen

Relax-Action KG
Industrieallee 51
01307 Dresden

Tel: 0351 12125-0
E-Mail: info@relax-action.de
Internet: www.relax-action.de

Gutschrift – Barauszahlung

Rechnung-Nr.: 1007-2388 Kunden-Nr.: 1007 Datum: 07.03.20..

Gemäß unserer Absprache schreiben wir Ihnen folgenden Betrag aus Rechnung-Nr. 1007-2488 vom 25.02.20.. gut:

Bezeichnung	Anzahl	Einzelpreis	Gesamtpreis
Kissen für Besucherstuhl	1 Stück	39,00 EUR	39,00 EUR
Husse	5 Stück	10,00 EUR	50,00 EUR
		Zwischensumme	89,00 EUR
		19 % USt	16,91 EUR
		Gesamtbetrag	105,91 EUR

Beleg 3

Nabek GmbH
NACHHALTIGE BEKLEIDUNG

Verkäufer: Herr Ribeck
Datum: 15.03.20..

BARVERKAUF

Artikel	Bezeichnung	Menge	Einzelpreis	Gesamtpreis
674	Jegging	2	29,00 EUR	58,00 EUR
			Zwischensumme	58,00 EUR
			+ 19 % USt	11,02 EUR
			Gesamtsumme	69,02 EUR

Betrag dankend erhalten.

Beleg 4

Deutsche Post AG
72488 Sigmaringen

8401151 5106 19.03.20..

*32,98 EUR

Frachtprodukte International

Vielen Dank für Ihren Besuch

Ihre Deutsche Post AG

Beleg 5

Deutsche Post AG
72488 Sigmaringen

8401151 5107 19.03.20..

*38,57 EUR

Postwertzeichen ohne Zuschlag

Vielen Dank für Ihren Besuch

Ihre Deutsche Post AG

Beleg 6

Aral Tankstelle

72488 Sigmaringen-Laiz
Tankstellen-Nr.: 0150657120
Tel.: 07571/51988
Fax: 07571/64051

Beleg-Nr.: 8522/003/00001 29.03.20.. 14:59
StNr./Station : 77442/13680
UST-Ident-Nr. Gesellschaft: : (DE118616994)

✱000003 Diesel 114,60 EUR A✱
✱Zp 03 88,22 l 1,299 EUR/l ✱

Gesamtbetrag 114,60 EUR
ec-Chip 114,60 EUR

Typ	Netto	USt	Brutto
A:19,00%	96,30	18,30	114,60

Eine gute Fahrt

3 Geschäftsvorfälle auf Vermögens- und Schuldkonten erfassen

Schulbuch Kap. 7 + 8

Situation:

Laut Ausbildungsplan ist Lisa weiterhin in der Buchhaltung eingesetzt. Der Abteilungsleiter, Herr Müller, erklärt ihr heute:

Nabek GmbH NACHHALTIGE BEKLEIDUNG

„Sie haben jetzt gelernt, wie das Kassenkonto geführt wird. Um jedoch alle wirtschaftlichen Vorgänge übersichtlich darstellen zu können, reicht das Konto Kasse alleine nicht aus. Zum Beispiel muss der Geschäftsvorfall Barverkauf von Waren auf zwei verschiedenen Konten erfasst werden. Neben dem Kassenkonto werden also noch weitere sogenannte Bestandskonten benötigt. Dabei wird unterschieden zwischen Vermögenskonten und Schuldkonten. Heute werden Sie lernen, welche Konten das genau sind.

Übrigens, am Rande noch eine interessante Information zum Wort ***Konto:*** *Es kommt aus dem Italienischen von ‚conto', Rechnung, und dem Lateinischen von ‚computus', Berechnung. Wir übersetzen dies mit der Gegenüberstellung von Einnahmen und Ausgaben bzw. Forderungen und Schulden."*

Arbeitsaufträge:

1. Benennen Sie die Vermögenskonten.

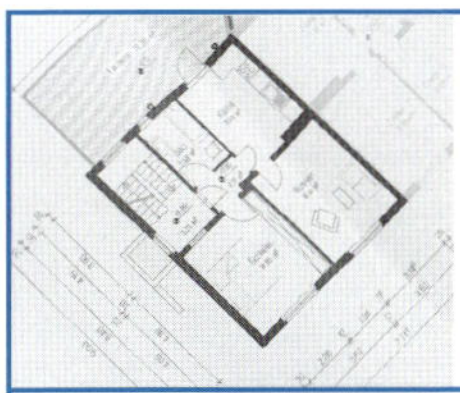			
		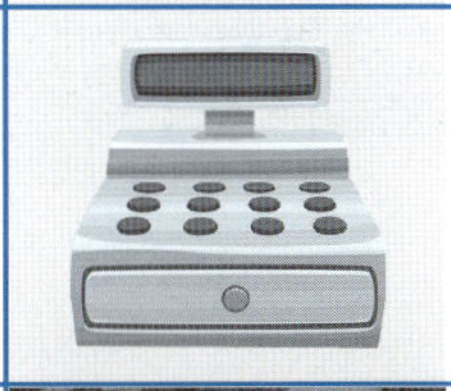	

2. Benennen Sie die Schuldkonten.

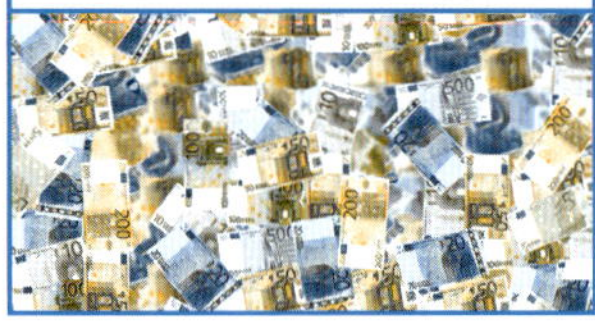	

3. Beschriften Sie die Konten mit nachfolgenden Füllwörtern.

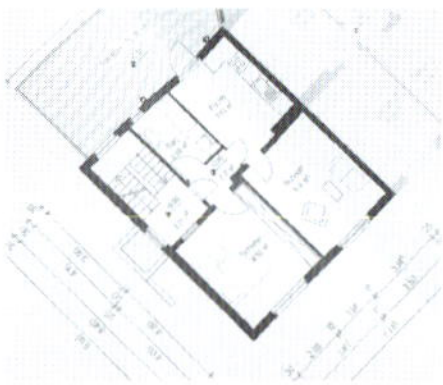

Soll	Vermögenskonten	Haben
Anfangsbestand		....
....		....

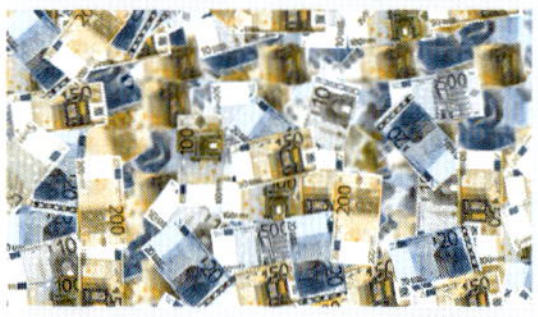

Soll	Schuldkonten	Haben
....		....
....		....

Füllwörter:

- [ ] Abgänge
- [ ] Abgänge
- [x] Anfangsbestand
- [ ] Anfangsbestand
- [ ] Schlussbestand
- [ ] Schlussbestand
- [ ] Zugänge
- [ ] Zugänge

4. Lisa hat den Eindruck, einem Wirrwarr an verschiedenen Konten gegenüberzustehen. Doch Herr Müller kann sie beruhigen. Schließlich verbirgt sich dahinter eine Struktur, auf welchen Konten Zugänge und Abgänge gebucht werden.

Ordnen Sie jedem Geschäftsvorfall das entsprechende Konto zu und entscheiden Sie, ob das Konto zu- oder abnimmt.

Nr.	Geschäftsvorfälle	Konten	Zu-/Abnahme
1	Wir begleichen eine Lieferantenrechnung durch Banküberweisung.	Verbindlichkeiten a. L. u. L.	Abnahme
		Bank	Abnahme
2	Kauf eines Laptops per PayPal.		
3	Wir zahlen eine Liefererrechnung bar aus der Geschäftskasse.		
4	Unser Kunde begleicht eine Rechnung bar.		
5	Eine kurzfristige Lieferschuld wird in eine langfristige Darlehensschuld umgewandelt.		
6	Wir verkaufen einen gebrauchten Pkw gegen Barzahlung.		
7	Barabhebung von unserem Bankkonto.		
8	Kauf von Bürostühlen auf Ziel.		
9	Wir verkaufen ein gebrauchtes Fax auf Ziel.		
10	Wir zahlen eine Eingangsrechnung per Sofortüberweisung.		
11	Kauf eines Gebäudes mit Bankscheck.		
12	Verkauf einer angrenzenden Wiese gegen Barzahlung.		
13	Bareinzahlung auf unser Bankkonto.		
14	Aufnahme eines Darlehens bei der Bank.		
15	Wir zahlen die Rate für unser Bankdarlehen mit Dauerauftrag.		

5. Lisa ist auf einem guten Weg, das System der Buchführung zu durchblicken. Damit ist sie dem richtigen Buchungssatz schon sehr nahe.

   Nennen Sie die Konten, die bei den Geschäftsvorfällen berührt werden, und geben Sie an, auf welcher Kontoseite gebucht werden soll.

   Lisas Ausbilder, Herr Müller, hat noch einen **Tipp** parat.

Man kann schnell entscheiden, auf welcher Kontoseite zu buchen ist, wenn man sich bei jedem Geschäftsvorfall fragt:

- Ist es ein **Vermögenskonto** oder **Schuldkonto?**
- Handelt es sich um einen **Zugang** oder **Abgang?**

S	**Vermögenskonto**	H
AB +		− SB

S	**Schuldkonto**	H
− SB		AB +

Nr.	Geschäftsvorfälle	Welche Konten werden berührt?	Auf welcher Kontoseite ist zu buchen? Soll	Haben
1	Wir heben 2000,00 EUR vom Bankkonto ab und legen das Geld in die Kasse.	Kasse	2000,00	
		Bank		2000,00
2	Banküberweisung in Höhe von 7000,00 EUR zwecks Tilgung eines Bankdarlehens.			
3	Wir kaufen einen Kombiwagen für 18000,00 EUR bar.			
4	Wir kaufen eine PC-Anlage für 1950,00 EUR gegen Bankscheck.			
5	Zahlung einer Liefererrechnung durch Überweisung in Höhe von 1500,00 EUR.			
6	Ein Kunde zahlt einen Rechnungsbetrag durch Banküberweisung: 34560,00 EUR.			
7	Wir kaufen einen Beamer für 800,00 EUR bar.			
8	Wir zahlen eine Lieferantenrechnung bar. Rechnungsbetrag: 2850,00 EUR.			
9	Wir zahlen auf das Bankkonto 3450,00 EUR bar ein.			
10	Ein Kunde überweist die Rechnung in Höhe von 4700,00 EUR auf unser Bankkonto.			
11	Wir verkaufen ein ausgedientes Faxgerät für 45,00 EUR bar.			

Nr.	Geschäftsvorfälle	Welche Konten werden berührt?	Auf welcher Kontoseite ist zu buchen? Soll	Haben
12	Lastschrift auf unserem Kontoauszug: 4588,00 EUR, Tablets: 100 Stück.			
13	Wir kaufen einen neuen Kaffeeautomaten für 2324,00 EUR bar.			
14	Wir kaufen für 5976,00 EUR eine kleine Verpackungsmaschine gegen Banküberweisung.			
15	Aufnahme eines Darlehens bei der Bank in Höhe von 50000,00 EUR. Der Betrag wird uns von der Bank auf unserem Geschäftskonto zur Verfügung gestellt.			
16	Rücksendung eines mangelhaften Bürostuhls an den Lieferer im Wert von 210,00 EUR.			
17	Einkauf neuer Schreibtische gegen Banküberweisung für 5312,00 EUR.			
18	Barverkauf von nicht mehr benötigten PCs für 200,00 EUR.			
19	Umwandlung von Lieferverbindlichkeiten in Höhe von 25000,00 EUR in ein langfristiges Darlehen.			
20	Kundenüberweisung lt. Kontoauszug: 2860,00 EUR.			

6. **Übung:** Formulieren Sie zu den Buchungen die dazugehörigen Geschäftsvorfälle.

Nr.	Geschäftsvorfälle	Konten	Soll	Haben
1		Kasse Fuhrpark	2500,00	 2500,00
2		Verbindlichkeiten geg. KI Bank	8000,00	 8000,00
3		Forderungen a. L. u. L. Geschäftsausstattung	4333,00	 4333,00

Schulbuch
Kap. 9

4 Buchungssätze bilden

Situation:

Lisa hat nun schon viel über Konten gelernt. Sie ist auf dem besten Weg, die Regeln der Buchführung in der Praxis anwenden zu können. Deshalb darf sie nun ihre ersten richtigen Buchungssätze in der Buchhaltung der Nabek GmbH machen.

Nabek GmbH
NACHHALTIGE BEKLEIDUNG

Arbeitsaufträge:

1. Zunächst wiederholt Lisa einige Fachbegriffe zur Buchung auf Bestandskonten. Lösen Sie das Kreuzworträtsel.

   ① So bezeichnet man die rechte Seite des Vermögenskontos.
   ② Nach diesen Regeln ist ein Vermögenskonto aufgebaut.
   ③ Diese werden benötigt, um Produkte herzustellen.
   ④ Geschäftsvorfälle werden darauf erfasst.
   ⑤ Sie erscheinen auf der Habenseite des Vermögenskontos.
   ⑥ Sie erscheinen auf der Sollseite des Vermögenskontos.
   ⑦ AB ist die Abkürzung für …
   ⑧ SB ist die Abkürzung für …
   ⑨ Vermögenskonto für die Fahrzeuge, die ein Unternehmen hat.
   ⑩ So bezeichnet man die linke Seite des Vermögenskontos.
   ⑪ Wenn ein Kunde nicht sofort bezahlt spricht man davon.
   ⑫ Das Geld, das auf dem Geschäftskonto einbezahlt ist.
   ⑬ Die Bestandskonten unterscheiden sich in Schuldkonto und …

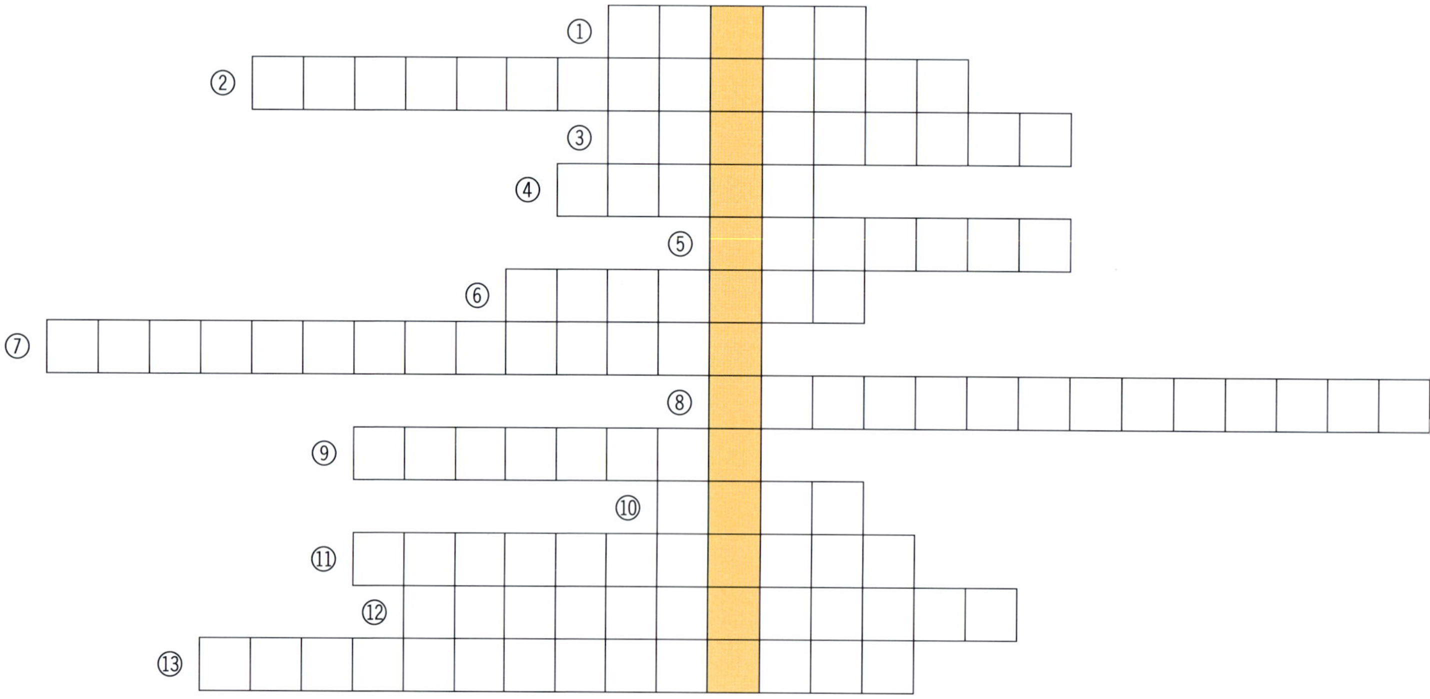

Lösungswort	

2. In der letzten Woche kam es bei der Nabek GmbH zu folgenden Geschäftsvorfällen. Formulieren Sie die Buchungssätze.

Nr.	Geschäftsvorfälle	Betrag
1	Kauf einer Maschine gegen Barzahlung	2800,00 EUR
2	Banküberweisung eines Kunden zum Rechnungsausgleich	4000,00 EUR
3	Bareinzahlung auf unser Postbankkonto in Höhe von	5800,00 EUR
4	Verkauf einer gebrauchten Hobelmaschine gegen Rechnung	7250,00 EUR
5	Barzahlung einer Lieferantenrechnung in Höhe von	250,00 EUR
6	Umwandlung einer Lieferantenschuld in eine Darlehensschuld	40000,00 EUR
7	Ein Kunde begleicht eine Forderung durch Barzahlung	600,00 EUR
8	Wir verkaufen einem Kunden Waren auf Ziel	1750,00 EUR
9	Wir kaufen ein Grundstück gegen Banküberweisung	110000,00 EUR
10	Wir lassen eine neue Lagerhalle erstellen und zahlen dafür per Banküberweisung	116000,00 EUR
11	Wir überweisen per Bank an einen Lieferer zum Rechnungsausgleich für eine Warenlieferung	400,00 EUR
12	Wir erhalten ein Darlehen von unserer Bank	60000,00 EUR
13	Wir nehmen bei der Hausbank ein Darlehen auf und erhalten die Gutschrift auf unserem Bankkonto gutgeschrieben	150000,00 EUR
14	Wir überweisen von unserem Bankkonto für den Kauf eines Geschäftshauses an den Verkäufer	150000,00 EUR
15	Unser Konto wird durch einen Internetkauf eines Schreibtisches belastet	900,00 EUR
16	Ein Kunde sendet uns zum Ausgleich einer Rechnung einen Bankscheck. Wir lösen ihn ein	1200,00 EUR
17	Die Tablets sind veraltet. Wir verkaufen diese bar für	800,00 EUR

Nr.	Konten	Soll	Haben
1			
2			
3			
4			
5			
6			
7			
8			

Nr.	Konten	Soll	Haben
9			
10			
11			
12			
13			
14			
15			
16			
17			

3. Formulieren Sie die Geschäftsvorfälle für nachfolgende Buchungssätze.

Nr.	Geschäftsvorfälle	Konten	Soll	Haben
1		Verbindl. a. L. u. L. an Bank	200,00	200,00
2		Bank an Forderungen a. L. u. L.	1 300,00	1 300,00
3		Geschäftsausstattung an Bank	3 800,00	3 800,00
4		Gebäude an Bank	85 000,00	85 000,00

Nr.	Geschäftsvorfälle	Konten	Soll	Haben
5		Kasse an Maschinen	790,00	790,00
6		Bank an Verbindl. a.L.u.L.	23 500,00	23 500,00
7		Geschäftsausstattung an Kasse	75,00	75,00
8		Kasse an Bank	440,00	440,00
9		Forderungen a.L.u.L. an Waren	1 760,00	1 760,00
10		Bank an Kasse	320,00	320,00

4. Im März 20.. kam es bei der Nabek GmbH zu folgenden Geschäftsvorfällen (Belege 1–10). Bilden Sie die Buchungssätze.

Beleg	Konten	Soll	Haben
1			
2			
3			
4			
5			

Beleg	Konten	Soll	Haben
6			
7			
8			
9			
10			

Beleg 1

Einzahlung auf eigenes Konto

Postbank
Sigmaringen

Anbei erhalten Sie zur Gutschrift auf

Konto-Nummer	
455820	€ 3000,00

Euro in Worten: dreitausend

Name des Kontoinhabers: Nabek GmbH

Datum, Unterschrift: 1. März 20.. i.A. Vanessa Schuller

Mehrzweckfeld x | Konto-Nr. x | Betrag x | Bankleitzahl x | Text x

Bitte dieses Feld nicht beschriften und nicht bestempeln

Beleg 2

SIK – KAD 8/98 S

IBAN: DE74653510505008520006 — KREISSPARKASSE SIGMARINGEN — BIC: SOLADES1SIG

Buchungstag	Tag der Wertstellung	Verwendungszweck/Buchungstext	
		alter Kontostand	+ 2 150,50
03.03.	03.03.	Rechnungsnummer 6767 vom 14.02. 10 Ballen Baumwollstoff Weberei SIG e. K., Lieferantennummer 1312	− 1 599,99
		neuer Kontostand	+ 550,51

Bitte beachten Sie die Hinweise auf der Rückseite

Nabek GmbH
Sommerwiese 17
72488 Sigmaringen

50/00

UST-ID DE 146812875

Kontoauszug vom: 04.03.20.. Auszug: 25 Blatt: 1

Beleg 3

Quittung

Nr.

netto EUR, Cent	1.260,50
+ 19 % USt	239,50
Gesamt EUR, Cent	--- 1.500,00

EUR in Worten
Cent wie oben: Eintausendfünfhundert ---------------

Von: Elektro-Schnäppchen GmbH

für: Tablet AX 900

Ort: Sigmaringen

Datum: 05. 03. 20..

Buchungsvermerk

Stempel/Unterschrift: Sonja Schneider

Beleg 4

Nabek GmbH
NACHHALTIGE BEKLEIDUNG

Nabek GmbH, Sommerwiese 17, 72488 Sigmaringen
Frau
Marie Kupfer
Kolpingweg 76
72514 Inzigkofen

Rechnung: 45B-129
Kunden-Nr.: 15249714
Versandart: Paketdienst
Verkäufer: Herr Ribeck

Datum: 10.03.20..

RECHNUNG

Artikel	Bezeichnung	Menge	Einzelpreis	Gesamtpreis
674	Fashion-Shirt	150	19,00 EUR	2850,00 EUR
			Zwischensumme	2850,00 EUR
			+ 19% USt	541,50 EUR
			Gesamtsumme	3391,50 EUR

Vielen Dank für Ihren Auftrag.

Zahlungsbedingung: innerhalb 14 Tagen netto nach Erhalt

Nabek GmbH
Telefon: 07571 24588-0
Telefax: 07571 24588-99
E-Mail: info@nabek.de

Geschäftsführerin: Annelie Bahr
Sitz der Gesellschaft: Sigmaringen
Handelsregister HRB 664884
USt-ID-Nr.: DE304454459

Bankverbindung:
Kreissparkasse Sigmaringen
IBAN: DE74 6535 1050 5008 5200 06
BIC: SOLADES1SIG

Beleg 5

Bitte beachten Sie die Hinweise auf der Rückseite

SIK – KAD 8/98 S

IBAN		BIC
DE74653510505008520006	KREISSPARKASSE SIGMARINGEN	SOLADES1SIG

Buchungstag	Tag der Wertstellung	Verwendungszweck/Buchungstext	alter Kontostand
			+ 550,51
15.03.	15.03.	Rechnungsnummer 487 100 Trikots Fußballclub Stgt., Kundennummer 1120	+ 15600,00

Nabek GmbH
Sommerwiese 17
72488 Sigmaringen

	neuer Kontostand
	+ 16150,51

	Kontoauszug vom	Auszug	Blatt
UST-ID DE 146812875	18.03.20..	26	1

50/00

Beleg 6

Südholz AG
Holzhandel
Baumstraße 17
72517 Sigmaringendorf

Südholz AG, Baumstraße 17, 72517 Sigmaringendorf
Firma
Nabek GmbH
Sommerwiese 17
72488 Sigmaringen

Tel: 07571 34567-20
Fax: 07571 34567-30

Amtsgericht Sigmaringen HRB 4422
Vorstand: Prof. Dr. Hermann Löffler
Aufsichtsratsvorsitzender: Dr. Hans Albert

Sigmaringendorf, 18. März 20..

Gutschrift

wegen Rücksendung mangelhafter Waren

Betrifft: Rechnungsnr.: 5678
Kundennr: 24678

Wir nahmen zurück:

Pos.	m³	Gegenstand	Einzelpreis	Gesamtpreis
1	20	Kiefernholz 2B abzüglich 10 % Rabatt	60,00 EUR	1200,00 EUR 120,00 EUR
			Warenwert netto	1080,00 EUR
			+ 19 % USt	205,20 EUR
			Gutschriftsbetrag	1285,20 EUR

Die Gutschrift erfolgt in den nächsten Tagen auf Ihr Konto bei der KSK Sigmaringen:
IBAN DE74 6535 1050 5008 5200 06, BIC SOLADES1SIG.

Wir bitten Sie, die mangelhafte Lieferung zu entschuldigen.

Beleg 7

Nabek GmbH
NACHHALTIGE BEKLEIDUNG

Nabek GmbH, Sommerwiese 17, 72488 Sigmaringen
Herrn
Fabian Mühlberg
Josefplatz 2
72488 Sigmaringen

Rechnung: 45B-130
Kunden-Nr.: 15249886
Versandart: Paketdienst
Verkäufer: Herr Ribeck

Datum: 21.03.20..

RECHNUNG

Artikel	Bezeichnung	Menge	Einzelpreis	Gesamtpreis
774	Freizeithose	20	35,00 EUR	700,00 EUR
874	Kapuzenshirt	20	28,00 EUR	560,00 EUR
			Zwischensumme	1 260,00 EUR
			+ 19 % USt	239,40 EUR
			Gesamtsumme	1 499,40 EUR

Vielen Dank für Ihren Auftrag.

Zahlungsbedingung: innerhalb 14 Tagen netto nach Erhalt

Nabek GmbH
Telefon: 07571 24588-0
Telefax: 07571 24588-99
E-Mail: info@nabek.de

Geschäftsführerin: Annelie Bahr
Sitz der Gesellschaft: Sigmaringen
Handelsregister HRB 664884
USt-ID-Nr.: DE304454459

Bankverbindung:
Kreissparkasse Sigmaringen
IBAN: DE74 6535 1050 5008 5200 06
BIC: SOLADES1SIG

Beleg 8

SIK - KAD 8/98 S

Bitte beachten Sie die Hinweise auf der Rückseite

IBAN		BIC
DE74653510505008520006	KREISSPARKASSE SIGMARINGEN	SOLADES1SIG

Buchungstag	Tag der Wertstellung	Verwendungszweck/Buchungstext	
		alter Kontostand	+ 16 150,51
28.03.	28.03.	Darlehensrate Darlehen Nr. 66723	– 2 850,50
		neuer Kontostand	+ 13 300,01

Nabek GmbH
Sommerwiese 17
72488 Sigmaringen

UST-ID DE 146812875

Kontoauszug vom	Auszug	Blatt
29.03.20..	27	1

50/00

Beleg 9

Regiopack GmbH

Verpackungen und Kartonagen aus Recyclingpapier

Regiopack GmbH, Industriepark West, 80637 München
Firma
Nabek GmbH
Sommerwiese 17
72488 Sigmaringen

Industriepark West
80637 München

Amtsgericht München HRB 3877
Geschäftsführung Justin Kuhl

Tel: 089 2599586-01
Fax: 089 2599586-99

München, 28. März 20..

RECHNUNG

Für die Lieferung vom 13. März erlauben wir uns Ihnen zu berechnen:

Artikel	Artikel-Nr.	Einzelpreis EUR	Stück	Gesamtpreis EUR
Archivierungskarton Hd-6	98 706 / Palette	120,00	10	1 200,00
Archivierungskarton Hd-4	98 701 / Palette	110,00	8	880,00
Archivierungskarton Hd-8	98 704 / Palette	99,00	12	1 188,00
			Gesamt	3 268,00
			10 % Rabatt	326,80
			Warenwert netto	2 941,20
			Frachtkosten	0,00
			19 % USt	558,83
			Gesamtbetrag	3 500,03

Zahlung innerhalb von 30 Tagen rein netto.
Die gelieferte Ware bleibt bis zur vollständigen Bezahlung unser Eigentum.
Bankverbindung: DE33 7057 0000 0000 9945 66 bei Raiffeisenbank München

Beleg 10

SIK – KAD 8/985

Bitte beachten Sie die Hinweise auf der Rückseite

IBAN		BIC
DE74653510505008520006	KREISSPARKASSE SIGMARINGEN	SOLADES1SIG

Buchungstag	Tag der Wertstellung	Verwendungszweck/Buchungstext	
		alter Kontostand	+ 13 300,01
29.03.	29.03.	Bankautomat 23 BAR	– 300,00
		neuer Kontostand	+ 13 000,01

Nabek GmbH
Sommerwiese 17
72488 Sigmaringen

UST-ID DE 146812875

Kontoauszug vom	Auszug	Blatt
30.03.20..	28	1

50/00

5. Lisa hat gelernt, dass es nicht nur einfache Buchungssätze gibt, sondern auch zusammengesetzte.
Bilden Sie die zusammengesetzten Buchungssätze zu den folgenden Geschäftsvorfällen.

Nr.	Geschäftsvorfälle	Betrag
1	Kauf einer IT-Anlage für 1 200,00 EUR bar per Bankscheck durch Banküberweisung	 400,00 EUR 700,00 EUR 100,00 EUR
2	Tilgung einer Darlehensschuld in Höhe von 6 000,00 EUR durch Barzahlung durch Banküberweisung	 3 900,00 EUR 2 100,00 EUR
3	Kauf von Maschinen für insgesamt 2 950,00 EUR bar per Banküberweisung auf Ziel	 250,00 EUR 2 000,00 EUR 700,00 EUR
4	Verkauf eines gebrauchten Pkws für 3 900,00 EUR bar gegen Bankscheck durch Banküberweisung	 1 700,00 EUR 1 400,00 EUR 800,00 EUR
5	Rückzahlung eines Darlehens über 27 000,00 EUR durch Bankscheck durch Barzahlung	 20 000,00 EUR 7 000,00 EUR
6	Kunde begleicht eine Rechnung über 1 600,00 EUR durch Banküberweisung in bar	 800,00 EUR 800,00 EUR
7	Einkauf von Waren für insgesamt 4 500,00 EUR auf Ziel in bar	 4 000,00 EUR 500,00 EUR
8	Kauf eines Lieferwagens zum Preis von 60 000,00 EUR per Überweisung gegen Barzahlung	 58 000,00 EUR 2 000,00 EUR
9	Kauf einer Lagerhalle für 90 000,00 EUR per Banküberweisung durch Aufnahme eines Darlehens gegen Barzahlung	 70 000,00 EUR 15 000,00 EUR 5 000,00 EUR

Nr.	Konten	Soll	Haben
1			
2			
3			

Nr.	Konten	Soll	Haben
4			
5			
6			
7			
8			
9			

5 Auf Bestandskonten buchen: Von der Eröffnung bis zum Abschluss

Schulbuch Kap. 10

Situation:

Nachdem Lisa gelernt hat, wie man Buchungssätze bildet, fragt sie ihren Ausbilder heute, wie die Geschäftsvorfälle anschließend auf den Konten erfasst werden.

„Der Weg durch den ‚Dschungel' der Buchführungsgeheimnisse ist kein Irrgarten.
① Es geht mit dem Eröffnungsbilanzkonto los.
② Weiter geht es mit dem Eröffnen der Konten.
③ Dann kommt das Buchen.
④ Wenn soweit alles erledigt ist, werden die Konten abgeschlossen und der Schlussbestand in das Schlussbilanzkonto gebucht.
Viel Spaß beim Ergründen der Geheimnisse!"

Im abgelaufenen Geschäftsjahr kam es bei der Nabek GmbH zu folgenden Geschäftsvorfällen:

Nr.	Geschäftsvorfälle
1	Begleichung einer Liefererverbindlichkeit durch Banküberweisung 11500,00 EUR und durch Kasse 500,00 EUR.
2	Barabhebung vom Bankkonto 3000,00 EUR.
3	Ein Kunde begleicht eine Forderung durch Banküberweisung 12700,00 EUR.
4	Aufnahme eines Darlehens. Der Darlehensgeber überweist den Betrag von 25000,00 EUR auf unser Girokonto.
5	Kauf eines Pkws auf Ziel 48000,00 EUR.
6	Barkauf von Waren 250,00 EUR.
7	Verkauf von Waren auf Ziel 12700,00 EUR, gegen Barzahlung 2300,00 EUR.
8	Kauf einer Garage für die neue Mitarbeiterin auf Ziel in Höhe von 22000,00 EUR.
9	Kurzfristige Verbindlichkeiten von 16500,00 EUR werden in ein langfristiges Darlehen umgewandelt.
10	Der Inhalt der Geschäftskasse wird auf das Girokonto eingezahlt 8270,00 EUR.
11	Einkauf von Waren auf Ziel 11000,00 EUR. Davon werden 660,00 EUR sofort bar bezahlt.

Arbeitsaufträge:

1. Erstellen Sie das Eröffnungsbilanzkonto (Material 1) mithilfe der folgenden **Anfangsbestände**:

Betriebsgebäude	450000,00 EUR	Bank	29560,00 EUR
Fuhrpark	120000,00 EUR	Kasse	17600,00 EUR
Waren	133800,00 EUR	Verbindlichkeiten geg. KI	73000,00 EUR
Forderungen a. L. u. L.	71000,00 EUR	Verbindlichkeiten a. L. u. L.	95000,00 EUR

2. Eröffnen Sie die Konten und tragen Sie die Anfangsbestände ein (Material 2).

3. Bilden Sie zu den Geschäftsvorfällen die Buchungssätze.

Nr.	Konten	Soll	Haben
1			
2			
3			
4			
5			
6			
7			
8			
9			
10			
11			

4. Buchen Sie die Vorgänge auf den Konten (Material 2).

5. Schließen Sie die Konten über das Schlussbilanzkonto ab (Material 3).

Material 1: Eröffnungsbilanzkonto

Soll	Eröffnungsbilanzkonto[1]	Haben

Material 2: Schuld- und Vermögenskonten

Schuldkonten

S	Verbindlichkeiten geg. KI	H

S	Verbindlichkeiten a. L. u. L.	H

Vermögenskonten

S	Betriebsgebäude	H

S	Waren	H

S	Fuhrpark	H

S	Forderungen a. L. u. L.	H

1 Aus Vereinfachungsgründen wird das Konto Eigenkapital in diesem Buchungsgang außen vor gelassen.

S	Bank	H

S	Kasse	H

Material 3: Schlussbilanzkonto

Soll	Schlussbilanzkonto	Haben

6 Die Buchführung mithilfe des Kontenrahmens organisieren

Schulbuch Kap. 11

Situation:

Herr Müller möchte Lisa mit dem Kontenplan der Nabek GmbH vertraut machen. Aus diesem Grund übergibt Herr Müller der Auszubildenden einen Auszug aus dem Kontenplan:

Auszug aus dem Kontenplan der Nabek GmbH:

Nummer	Kontenbezeichnung	Nummer	Kontenbezeichnung
4401	Bernhard Müller OHG	0500	Grundstücke und Bauten
2800	Kreissparkasse Sigmaringen	2404	Westmoor KG Möbelhaus
0840	Fuhrpark	2820	Kasse
6800	Büromaterial	6820	Post, Telefon
4200	Verbindlichkeiten gegenüber Kreditinstituten (Darlehen)	2650	Forderungen an Mitarbeiter
		5000	Umsatzerlöse für Handelswaren
2409	Bleibtreu GmbH	4800	Umsatzsteuer (voller Steuersatz)
3000	Eigenkapital (Kapital Gerda Heinrich)	4400	Verbindlichkeiten a. L. u. L.
2400	Forderungen a. L. u. L.	2600	Vorsteuer (voller Steuersatz)
4403	Naturholz AG	2000	Waren (Handelswaren)
7020	Grundsteuer	6000	Aufwendungen für Rohstoffe
6300	Gehälter	1300	Beteiligungen

Herr Müller weist Lisa darauf hin, dass durch einen Computerabsturz vor Kurzem die Datei beschädigt wurde und der Kontenplan daher in Unordnung geraten sei. Er fordert Lisa auf, die Ordnung wiederherzustellen.

Arbeitsaufträge:

1. Unterscheiden Sie die Begriffe Kontenrahmen und Kontenplan!

Kontenrahmen	
Kontenplan	

2. Ordnen Sie die oben genannten Konten der Nabek GmbH in die nachfolgende Übersicht (Material 1) ein und ergänzen Sie die Bezeichnungen der Kontenklassen!

3. Unterbreiten Sie Vorschläge für die „Nummerierung" der nachfolgenden Konten:

Konto	Nummer	Konto	Nummer
Verbindlichkeiten gegenüber Sozialversicherungsträgern		Reisekosten	
Büromöbel und sonstige Geschäftsausstattung		Privat	
Mieterträge		Kfz-Steuer	
Bewirtung		Wertpapiere des Anlagevermögens	

Material 1: Übersicht „Kontenrahmen“

Aktiva		
Anlagevermögen		**Umlaufvermögen**
Kontenklasse 0	Kontenklasse 1	Kontenklasse 2

Passiva	
Kontenklasse 3	Kontenklasse 4

Erträge	Aufwendungen	
Kontenklasse 5	Kontenklasse 6	Kontenklasse 7

7 Geschäftsvorfälle auf Erfolgskonten erfassen

Schulbuch Kap. 12–14

Situation:

Im Laufe des Tages wird in der Buchhaltung der Nabek GmbH eine Vielzahl von Geschäftsvorfällen bearbeitet. Mit den Bestandskonten kennt sich Lisa jetzt schon bestens aus.

Nabek GmbH
NACHHALTIGE BEKLEIDUNG

„Natürlich kann ein Unternehmen aber nur dauerhaft am Markt bestehen, wenn es auch Gewinne erzielt. Der Erfolg (Gewinn oder Verlust) eines Unternehmens entsteht durch Gegenüberstellung von Aufwendungen und Erträgen. Aus diesem Grund gibt es die sogenannten Erfolgskonten. Grundsätzlich gibt es hier eine einfache Buchungsregel: Aufwendungen werden immer im Soll gebucht und Erträge immer im Haben. Einen Anfangsbestand gibt es auf den Erfolgskonten nicht.

Also, ich muss jetzt erst noch ein wichtiges Telefonat erledigen, aber hier sind schon einmal einige Geschäftsvorfälle von gestern, die Sie schon mal bearbeiten können."

Information

Das Wort Erfolg bedeutet das positive Ergebnis einer Bemühung. Nimmt man diesen Begriff und bezieht es auf betriebswirtschaftliches Handeln, wird der Erfolg in monetären (geldlichen) Größen gemessen. Dafür ist die Erfolgsrechnung in der Buchführung ein Instrument.

Arbeitsaufträge:

1. Entscheiden Sie für folgende Geschäftsvorfälle, ob es sich um einen Aufwand oder einen Ertrag handelt.

   Kreuzen Sie an.

Nr.	Geschäftsvorfälle		Aufwand	Ertrag
1	Lohnzahlung bar	1 500,00 EUR		
2	Die Stromrechnung wird überwiesen	520,00 EUR		
3	Für ein Vermittlungsgeschäft wird Provision auf unser Bankkonto überwiesen	600,00 EUR		
4	Wir kaufen im Internet eine neue Soundbar für das Büro und zahlen mit PayPal	299,00 EUR		
5	Barzahlungen des Verkaufsleiters auf einer Geschäftsreise	700,00 EUR		
6	Kosten für den Internetanschluss werden überwiesen	240,00 EUR		
7	Miete geht auf unserem Bankkonto ein	950,00 EUR		
8	Das Firmenfahrzeug wird aufgetankt. Barzahlung an der Tankstelle	85,00 EUR		
9	Die Bank schreibt uns Zinsen gut	460,00 EUR		

Nr.	Geschäftsvorfälle		Aufwand	Ertrag
10	Gutschrift des Energieunternehmens für Stromeinspeisung von unserer Fotovoltaikanlage	700,00 EUR		
11	Die Gewerbesteuer wird fällig. Wir überweisen von unserem Bankkonto den Betrag	4560,00 EUR		
12	Barkauf von Briefmarken	56,00 EUR		

2. Bilden Sie zu den obigen Geschäftsvorfällen die Buchungssätze.

Nr.	Konten	Soll	Haben
1			
2			
3			
4			
5			
6			
7			
8			
9			
10			
11			
12			

3. **Buchungsmarathon:**

Bilden Sie in der Klasse **mündlich** die Buchungssätze für die folgenden Geschäftsvorfälle. Stoppen Sie die Zeit!

Tipp: Um den Überblick zu behalten, können Sie die erledigten Buchungssätze abhaken (✓).

Nr.	Geschäftsvorfälle	Betrag	Erledigt
1	Jubiläumsessen wird bar bezahlt	2 300,00 EUR	
2	Wir spenden dem Musikverein in bar	300,00 EUR	
3	Wir erhalten die Rechnung für die Wartung der IT-Anlage	8 240,00 EUR	
4	Wir bringen Müll auf den Recyclinghof und bezahlen bar	45,00 EUR	
5	Unser Steuerberaterbüro schickt uns die Rechnung	630,00 EUR	
6	Die Kontoführungsgebühren werden abgebucht	12,00 EUR	
7	Wir kaufen Verpackungsmaterial auf Rechnung	1 680,00 EUR	
8	Wir bekommen Zinsen gutgeschrieben	280,00 EUR	
9	Wir rüsten unsere Gabelstapler mit neuen Akkus aus. Die Rechnung wird überwiesen	3 440,00 EUR	
10	Gehälter werden überwiesen	18 700,00 EUR	
11	Die Versicherungsbeiträge werden abgebucht	2 100,00 EUR	
12	Headsets werden bestellt. Die Rechnung liegt vor	730,00 EUR	
13	Der externe Mediendesign-Berater für unsere Website sendet uns die Rechnung zu	410,00 EUR	
14	Unsere Unternehmenssoftware erhält ein neues Update. Wir zahlen per Banküberweisung	650,00 EUR	
15	Neue LED-Lampen für die Büros werden per Internet auf Rechnung bestellt	13 000,00 EUR	
16	Die Leasingrate für die Solaranlage wird abgebucht	300,00 EUR	
17	Die ganze Belegschaft erhält Schulungen für die neue Integrierte Unternehmenssoftware. Barzahlung	2 500,00 EUR	
18	Die Rechnung für die Präsentation am „Tag der offenen Tür" wird per Banküberweisung getätigt	820,00 EUR	
19	Die Pacht für die Grünflächen wird von unserem Pächter bar bezahlt	700,00 EUR	
20	Die Industrie- und Handelskammer (IHK) bucht unseren Jahresbeitrag von unserem Bankkonto ab	180,00 EUR	

Wie sieht die Zeitmessung aus?

Auswertung:

weniger als 5 Minuten	absolute Superklasse
zwischen 5 und 7 Minuten	sehr gut
zwischen 7 und 10 Minuten	gut
mehr als 10 Minuten	ein bisschen Übung wäre noch wichtig

4. Am Vortag kam es bei der Nabek GmbH zu folgenden Geschäftsvorfällen:

Nr.	Geschäftsvorfälle	Betrag
1	Der Azubilohn wird per Banküberweisung gezahlt	800,00 EUR
2	Wir bezahlen die Miete für das externe Lager bar	300,00 EUR
3	Kauf einer externen Festplatte für das Büro bar	72,00 EUR
4	Kauf von Kopierpapier auf Rechnung	2000,00 EUR
5	Die Telefonrechnung wird von unserem Bankkonto abgebucht	130,00 EUR
6	Die Kinowerbung wird bar bezahlt	80,00 EUR
7	Wir erhalten Vermittlungsprovision. Der Bankauszug liegt uns vor	7000,00 EUR
8	Die Zinsen werden auf unserem Bankkonto gutgeschrieben	160,00 EUR
9	Unser Mieter gibt uns die Miete bar	450,00 EUR
10	Die Rechnung für das Firmen-Smartphone wird abgebucht	96,00 EUR

Unterstützen Sie Lisa bei der Erfassung der Geschäftsvorfälle auf den Konten.

4.1 Bilden Sie zunächst die Buchungssätze.

Nr.	Konten	Soll	Haben
1			
2			
3			
4			
5			
6			
7			
8			
9			
10			

4.2 Buchen Sie die Geschäftsvorfälle auf den vorgegebenen Erfolgskonten (Material 1).[1]

4.3 Schließen Sie die Aufwands- und Ertragskonten ab (Material 1).

4.4 Erstellen Sie das GuV-Konto (Material 2).

4.5 Schließen Sie das Eigenkapitalkonto ab (Material 3).

4.6 Ermitteln Sie den Gewinn bzw. Verlust, den die Nabek GmbH erzielt hat.

Die Nabek GmbH hat einen ______________ in Höhe von ______________ EUR erwirtschaftet.

4.7 Ermitteln Sie, welche Auswirkung das Ergebnis des GuV-Kontos auf das Eigenkapital hat.

Kreuzen Sie die richtige Antwort an und tragen Sie den Betrag ein.

	Das Eigenkapital hat sich um ______________ EUR erhöht.
	Das Eigenkapital ist um ______________ EUR gesunken.

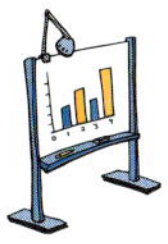

Material 1: Erfolgskonten

Aufwandskonten

Löhne

S	H
1. Bank 800,00	....

Telefonentgelte

S	H
....	....
....	

Mieten, Pachten

S	H
....	....

Werbung

S	H
....	....

Büromaterial

S	H
....	....
....	

1 Aus Vereinfachungsgründen wird auf die Gegenbuchung auf dem Kassen-/Bankkonto verzichtet.

Ertragskonten

S	**Erträge a. Verm. u. Verp.**	H

S	**Zinserträge**	H

S	**Provisionserträge**	H

Material 2: Gewinn- und Verlustkonto

Soll (Aufwendungen)	**GuV-Konto**	Haben (Erträge)

Material 3: Eigenkapitalkonto

Soll	**Eigenkapital**	Haben
	AB	50000,00

8 Grundlagen wiederholen und Belege buchen

Schulbuch Kap. 13

Situation:

Was für ein Glück! Elias hat auch in die Buchhaltungsabteilung gewechselt. Die beiden Freunde können sich nun gegenseitig bei den anfallenden Buchführungsarbeiten unterstützen.

Nabek GmbH
NACHHALTIGE BEKLEIDUNG

Lisa und Elias wiederholen zusammen nochmals die Grundlagen der Buchführung. Anschließend besprechen sie die neuen Belege, die im Posteingang waren.

Arbeitsaufträge:

1. Vervollständigen Sie den Lückentext mithilfe der nachfolgenden Füllwörter.

In privaten Unternehmen fällt täglich eine Vielzahl von *Geschäftsvorfällen* an. Typisch für die Geschäftsvorfälle ist ihre „Zweiseitigkeit", bei der Kasse entweder ____________ oder ____________.

Das ____________ ist ein zweiseitiges Verrechnungsschema. Die linke Seite eines Kontos ist immer die ____________-Seite, die rechte Seite immer die ____________-Seite. Um den Schlussbestand, auch ____________ genannt, zu ermitteln, muss das Konto ____________ werden. Dieser Vorgang wird als ____________ bezeichnet.

Füllwörter:

☐ abgeschlossen | ☐ Geldausgaben | ☐ Geldeinnahmen | ☑ Geschäftsvorfällen

☐ Haben | ☐ Konto | ☐ Saldieren | ☐ Saldo | ☐ Soll

2. Beschreiben Sie mit eigenen Worten, wie sich der Abschluss eines Kontos vollzieht.

Abschluss eines Kontos

3. Lisa und Elias finden die nachfolgenden Belege im Posteingang. Unterstützen Sie die beiden und bilden Sie die Buchungssätze.

Nr.	Konten	Soll	Haben
1			
2			
3			
4			
5			
6			
7			
8			
9			
10			

Beleg 1

Bewirtungsbeleg

Tag der Bewirtung
5. März 20..

Ort der Bewirtung
72488 Sigmaringen

Bewirtende Person
„Zum goldenen Löwen"
Wildenweg 3
72488 Sigmaringen
Ali Özkan

Bewirtete Personen
Mitarbeiter der Nabek GmbH
(Namensliste siehe Rückseite)

Anlass
20-jähriges Firmenjubiläum

Rechnungsbetrag EUR
3.850,00

Trinkgeld EUR
0,00

Gesamt EUR
3.850,00

Datum, Ort
05.03.20.., Sigmaringen

Unterschrift des Bewirtenden
Restaurant „Zum goldenen Löwen"
Wildenweg 3, 72488 Sigmaringen

Ali Özkan

Beleg 2

Deutsche Bahn DB

ICE HIN- und RUECKFAHRT

FAHRSCHEIN

1 Erwachsene(r)

Gültig ab 21.03.20.. Hinf. bis 20.04.20.. Rückf. bis 20.04.20..

30 Tage		*VON*	*NACH*	30 Tage		*Kl.*
		Sigmaringen Hbf. München Hbf.	München Hbf. Sigmaringen Hbf.			2

über:
(ICE:N*M)

Fahrscheine mit einmonatiger Geltungsdauer gültig zu einer Hin- und Rückfahrt, längstens 4 Tage je Fahrtrichtung

Erm. 50,0% BC(B)

Preis * 54,00 EUR**

93262965

UST D: * 54,00 19,0% = *** 8,62**

BARZAHLUNG

222497065 Sigmaringen Hbf. 00
16.03.20.. 18:11

Beleg 3

BARIL Tankstelle

Stutz GmbH
Messkircherstraße 402-404
72488 Sigmaringen

Tankstellen-Nr.: 4711
Beleg-Nr. 3310/44997 v. 24.07.20.. 12:59
StNr./Station: 44483/333
UST-Ident-Nr. Gesellschaft (DE118717884)

✱00004 Super E10 114,60 EUR
✱90,02 l 1,273 EUR/l

Gesamtbetrag 114,60 EUR

Typ	Netto	USt	Brutto
A:19,00%	96,30	18,30	114,60

Zahlung erfolgt.
Betrag brutto in bar dankend erhalten.

EINE GUTE FAHRT wünscht Ihnen Ihr
BARIL TEAM!

Beleg 4

Global Office GmbH
72488 Sigmaringen – Industriestraße 12
Tel.: 07571 457759

Global Office GmbH · 72488 Sigmaringen · Industriestraße 12

Internet: www.global-office.de
E-Mail: shop@global-office.de
Telefon: 0800-777-333 (kostenlos)

Geschäftsführer: Anton Maier
Amtsgericht Sigmaringen
HRB 4355

BARVERKAUF

5. Mai 20..

RECHNUNG

Ihre e-shop-Bestellung vom 4. Mai 20..

Artikel	Nr.	Stück	Einzelpreis EUR	Artikelbeschreibung	Gesamtpreis EUR
	1344	20	1,99	Kunststoffordner DIN A4 50 mm	39,80
	2578	2	49,00	Toner für Kopierer C55	98,00
	6649	5	39,00	Tintenpatrone für A66	195,00
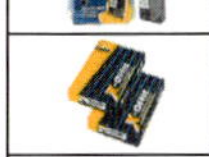	1452	20	4,99	Allroundpapier DIN A4 80g	99,80
	2255	5	4,00	Bürolocher	20,00
				Warenwert netto	452,60
				19% USt	86,00
				Rechnungsbetrag	**538,60**

Betrag dankend erhalten.

Beleg 5

Sigpack GmbH
Verpackungen und Kartonagen aller Art
Heidemannstraße 79-85
Tel.: 07571 2558697

Sigpack GmbH, Heidemannstraße 79-85, 72488 Sigmaringen
Nabek GmbH
Sommerwiese 17
72488 Sigmaringen

Kundennummer: 1328
Auftragsnummer: 968-01
Rechnungsnummer: 0913-023
Ihr Ansprechpartner: Ali Hammbucher

Telefon: 07571 25586-97
Telefax: 07571 25586-99

RECHNUNG

Sigmaringen, 21. November 20..

Für die Lieferung vom 19. November 20.. erlauben wir uns Ihnen zu berechnen:

Artikel	Artikel-Nr.	Einzelpreis EUR	Stück	Gesamtpreis EUR
Verpackungskarton Gr. 10	45010 / Palette	60,00	30	1 800,00
Verpackungskarton Gr. 8	45008 / Palette	50,00	20	1 000,00
Verpackungskarton Gr. 6	45006 / Palette	39,00	12	468,00
				3 268,00
Rabatt 10 %				326,80
Warenwert netto				2 941,20
Frachtkosten				0,00
Umsatzsteuer 19 %				558,83
				3 500,03

Zahlung innerhalb von 30 Tagen rein netto.
Die gelieferte Ware bleibt bis zur vollständigen Bezahlung unser Eigentum.

Bankverbindung: DE45 7057 5591 0090 9456 00

Beleg 6

Elektro-Fritsche e.Kfm.

88605 Meßkirch · Produktionsweg 24
Tel.: 07575 457759

Elektro-Fritsche e. Kfm., Produktionsweg 24, 88605 Meßkirch
Nabek GmbH
Sommerwiese 17
72488 Sigmaringen

Meßkirch, 20. Oktober 20..

RECHNUNG Nr.: 243/45/567

Zahlungsbedingung: 14 Tage netto

Pos.	Stück	Einzelpreis EUR	Gegenstand	Gesamtpreis EUR
1	1	399,00	Faxgerät AP 200	399,00
			+ 19 % Umsatzsteuer	75,81
			Rechnungsbetrag	**474,81**

Ware bleibt bis zur vollständigen Bezahlung unser Eigentum.
Bezahlung ohne Abzug.

Amtsgericht Meßkirch HRA 3258
Bankverbindung: Meßkirch-Bank DE89 6558 3017 0020 7884 43

Beleg 7

Stadt Sigmaringen

Steueramt
Rathausplatz
72488 Sigmaringen
Telefon 07571 5880
Telefax 07571 5882

Stadtverwaltung Sigmaringen · Rathausplatz 1 · 72488 Sigmaringen
Nabek GmbH
Sommerwiese 17
72488 Sigmaringen

**Gewerbesteuer-
veranlagungsbescheid**

Erhebungszeitraum: **20..**
Aktenzeichen: MM01

Betriebsstätte:

Konto-Nr. (bitte stets mit angeben)	Datum	Seite
01-0100345678-01	**20..-01-24**	**1**

Berechnungsgrundlage für die Veranlagung			
Messbetrag	125,00 €		
Hebesatz 330 %			
Steuerbetrag (abgerundet)	412,50 €		
abzüglich Vorauszahlung			
Zugang	fällig am:	27.02.20..	**€ 412,50**

Sprechzeiten:
Montag – Freitag 08:00 – 12:00 Uhr
Montag 13:00 – 18:00 Uhr
Donnerstag: 13:00 – 16:30 Uhr

Bankverbindung:
Kreisbank Sigmaringen
DE88 7205 0101 2000 2340 10

Beleg 8

Industrie- und Handelskammer für Augsburg und Schwaben
Lindenstr. 2 · 88250 Weingarten

Telefon: 0751/3162-103
Telefax: 0751/3162-247
E-Mail: beitrag@weingarten.ihk.de
https://www.weingarten.ihk.de

IHK

Rechtsgrundlagen und Rechtsbehelfsbelehrung sowie ergänzende Hinweise umseitig

Bitte geben Sie bei Schriftwechsel und Überweisungen stets die Identnummer an.

Identnummer: 56722399

Industrie- und Handelskammer, 88250 Weingarten
An die Geschäftsleitung/vertraulich
Nabek GmbH
Sommerwiese 17
72488 Sigmaringen

Beitragsbescheid-Nr.: 0030077884488
Datum: 2. Januar 20..

A) Bescheid

Beit. Jahr	EHZ Jahr 1)	Hebe-satz in %	BMG 2)	BMG Jahr 3)	ADM 4)	Bemessungs-grundlage EUR	Frei-betrag EUR	Bemessungs-grundlage – Freibetrag EUR	Beitrags-anteil in %	Umlage EUR	Grund-beitrag EUR	Schuld/ Guthaben EUR
01	01	0,300	E	99	0	50.000,00	0,00	50.000,00	100,00	150,00	153,39	303,39

1) EHZ-Jahr: Erhebungszeitraum-Jahr: Bemessungsgrundlage für Grundbeitrag und Umlage lt. jeweiliger Haushaltssatzung
2) BMG: Bemessungsgrundlage: E = Ertrag / G = Gewinn / M = Messbetrag
3) BMG Jahr: Festsetzungsjahr der BMG
4) ADM: Art der Bemessungsgrundlage

1. Summe aus diesem Beitragsbescheid	303,39 S
B) Offenstehende Beiträge	
2. Saldo aus früheren Bescheiden	0,00 S
3. Endbetrag aus 1. + 2.	**303,39 S**

Bankverbindung: Handelsbank
IBAN DE65 7001 1110 0080 1655 51

Beleg 9

Landkreis Sigmaringen

Gebührenbescheid
für Kanal und Müllabfuhr

Verwaltung:
Steidlegasse 1, 72488 Sigmaringen
Tel.: 07571 5868
Fax 07571 5870

Geschäftszeiten:
Montag – Freitag 08:00 – 12:00 Uhr
Montag 13:00 – 18:00 Uhr
Donnerstag 13:00 – 16:30 Uhr

Bankverbindung:
Citybank Sigmaringen
IBAN DE33 5021 0900 1753 2165 50

Landkreis Sigmaringen · Postfach 1107 · 72488 Sigmaringen
Nabek GmbH
Sommerwiese 17
72488 Sigmaringen

Bei Rückfragen und Einzahlungen diese Daten bitte immer angeben

Kunden-Nr.	Rechnungs-Nr.	Rechnungsdatum
9966	345	25.01.20..

Tarif:	**Arbeitspreis**	**Umsatzsteuer**
Kanal:	1,60 €/cbm	keine
Müll:	je Tarif-Nr.	keine

Tarif-Nr.	Zeitraum von	bis	Zählerstand neu	alt	Zählerstand-Differenz	Verbrauch	Arbeitspreis cbm/Einheit €	Cent	Verbrauch €	Cent	Grundgebühr in €	Gesamtbetrag €	Cent
K 0401	010102	311202	6949	5535	1414	1414	1	60	2.262	40		2.262	40
M 0912	010102	311202	GRUNDGEB.			1					54,00	54	00
M 0950	010102	311202	MÜLL 120 L 14			20	102	00			2.040,00	2.040	00
											Summe	4.356	40

Tarif-Nr.	Verbrauchsübersicht Vorjahr	Abrechn.-Jahr	Umsatz-steuer
K 0401	1467	1414	keine
M 0912			keine
M 0950			keine

Übersicht	€
Gesamtbetrag netto	4.356,40
Umsatzsteuer	0,00
Rechnungsbetrag	4.356,40

Beleg 10

Autoreparatur Kübler e. Kfm.

Reparaturen Inspektionen TÜV & ASU

Autoreparatur Kübler e. Kfm., Wiedlerstr. 10, 72458 Albstadt
Nabek GmbH
Sommerwiese 17
72488 Sigmaringen

Wiedlerstraße 10
72458 Albstadt

Telefon: 07431 912556
Telefax: 07431 912566

Amtsgericht Albstadt HRA 1344

RECHNUNG 4568

20. Dezember 20..

Kundennummer 124–94 B4

Fabrikat:	TRANSPORTER
Fahrgestellt-Nr.:	JMBG13D200005675432999
Modellbezeichnung:	40635L
Kfz-Brief:	AB5647998
Pol-Kennzeichen:	OAL-MM 7606
Kilometerstand:	75.686 km

Reparatur Kotflügel	**250,00 EUR**
Reparatur Scheinwerfer	**167,00 EUR**
Reparatur Innenbeleuchtung	**42,00 EUR**
Kleinteile	**153,00 EUR**
Nettobetrag	**612,00 EUR**
USt 19 %	**116,28 EUR**
Gesamtbetrag	**728,28 EUR**

Bei Auftragserteilung: Ausführung der Reparatur im neuen Jahr

Zahlung sofort in bar.

4. **Spiel „Perlenkettenbuchen"**

Ein Spieler/Eine Spielerin bildet einen Buchungssatz. Das zuletzt genannte Konto (Haben) wird das vorgegebene Sollkonto für den nächsten Spieler/die nächste Spielerin, um einen neuen Buchungssatz zu bilden.

Bilden Sie in der Klasse so viele Buchungssätze, dass alle einmal drankommen.

Beispiel:

Büromaterial an **Bank**
➥ **Bank** an **Kasse**
➥ **Kasse** an **Fuhrpark**
➥ **Fuhrpark** an Bank
➥ usw.

VORSICHT vor falschen Buchungssätzen wie „Geschäftsausstattung an Gewerbesteuer"!

9 Einen kompletten Geschäftsgang buchen

Schulbuch Kap. 14

Situation:

Nun erhalten Lisa und Elias die Aufgabe, einen kompletten Geschäftsgang zu bearbeiten.

Im abgelaufenen Geschäftsjahr kam es zu folgenden Geschäftsvorfällen:

Nabek GmbH
NACHHALTIGE BEKLEIDUNG

Nr.	Geschäftsvorfälle	Betrag
1	Die Löhne werden per Banküberweisung gezahlt	11 800,00 EUR
2	Wir kaufen einen Kopierer auf Ziel	3 300,00 EUR
3	Wir tilgen ein Darlehen per Banküberweisung	5 000,00 EUR
4	Die Telefonrechnung wird von unserem Bankkonto abgebucht	200,00 EUR
5	Die Miete für unseren externen Lagerraum bezahlen wir bar	130,00 EUR
6	Die Internetwerbung wird in Auftrag gegeben. Die Rechnung liegt uns vor	80,00 EUR
7	Wir kaufen Waren auf Ziel	7 000,00 EUR
8	Die Bank schreibt uns Zinsen gut	10 600,00 EUR
9	Wir kaufen Kopierpapier bar	450,00 EUR
10	Die Kraftfahrzeugsteuer wird per Banküberweisung gezahlt	96,00 EUR
11	Ein Kunde zahlt seine Rechnung bar	5 000,00 EUR
12	Wir kaufen einen neuen Elektro-Pkw auf Ziel	38 000,00 EUR

Arbeitsaufträge:

1. Tragen Sie die Anfangsbestände mithilfe von Material 1 in die Bestandskonten ein (Material 2).
2. Bilden Sie zu den Geschäftsvorfällen die Buchungssätze.

Nr.	Konten	Soll	Haben
1			
2			
3			
4			
5			
6			

Nr.	Konten	Soll	Haben
7			
8			
9			
10			
11			
12			

3. Buchen Sie die Vorgänge auf den Konten (Material 2).
4. Schließen Sie die Erfolgskonten (Material 2) und das GuV-Konto (Material 3) ab.
5. Schließen Sie die Bestandskonten und das Eigenkapitalkonto ab (Material 2).
6. Stellen Sie das Schlussbilanzkonto (Material 4) auf.

Material 1: Eröffnungsbilanzkonto

Soll		Eröffnungsbilanzkonto	Haben
Eigenkapital	484 800,00	Grundstücke und Bauten	380 000,00
Verbindlichkeiten geg. KI	85 000,00	Fuhrpark	65 000,00
Verbindlichkeiten a. L. u. L.	14 000,00	Betriebsausstattung	38 000,00
		Geschäftsausstattung	17 000,00
		Waren	11 000,00
		Forderungen a. L. u. L.	8 500,00
		Bank	60 000,00
		Kasse	4 300,00
	583 800,00		583 000,00

Material 2: Bestands- und Erfolgskonten

Bestandskonten

S	Grundstücke und Bauten	H
....		....

S	Fuhrpark	H
....		....
....		

S **Betriebsausstattung** H

S **Geschäftsausstattung** H

S **Waren** H

S **Forderungen a. L. u. L.** H

S **Bank** H

S **Kasse** H

S **Eigenkapital** H

S **Verbindlichkeiten geg. KI** H

S **Verbindlichkeiten a. L. u. L.** H

Erfolgskonten

S **Zinserträge** H

S **Mieten** H

S **Löhne** H

S **Büromaterial** H

S	Telefonentgelte	H

S	Kraftfahrzeugsteuer	H

S	Werbung	H

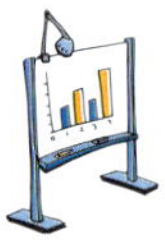

Material 3: Gewinn- und Verlustkonto

Soll	GuV-Konto	Haben

Material 4: Schlussbilanzkonto

Soll	Schlussbilanzkonto	Haben

10 Auf Warenkonten buchen

Schulbuch Kap. 15

Situation:

Der Abteilungsleiter der Buchhaltung, Herr Müller, und Elias besprechen, wie das mit dem Einkauf und Verkauf von Waren genau funktioniert. Elias versucht sich den Ablauf vorzustellen:

Nabek GmbH
NACHHALTIGE BEKLEIDUNG

Herr Müller gibt Elias noch folgenden Hinweis:

Es gehen zwar die gleichen Waren zum Kunden, die wir eingekauft haben, aber zu einem höheren Preis. Und genau das ist der Warengewinn. Um diesen festzustellen, benötigen wir zwei wichtige neue Erfolgskonten:

Aufwendungen für Waren** und **Umsatzerlöse.

Arbeitsaufträge:

1. Bei der Nabek GmbH werden täglich viele Warenein- und -verkäufe getätigt. Bilden Sie die Buchungssätze für die folgenden Geschäftsvorfälle.

Nr.	Geschäftsvorfälle	Betrag
1	Wir kaufen Waren auf Ziel	28 000,00 EUR
2	Wir verkaufen Waren. Die Lieferung ist erfolgt, die Rechnung liegt im Paket	87 000,00 EUR
3	Wir begleichen die Rechnung aus Nr. 1	28 000,00 EUR
4	Kunde bezahlt die Rechnung aus Nr. 2	87 000,00 EUR
5	Ein Kunde kauft bei uns ein und zahlt sofort bar	4 800,00 EUR
6	Ein Kunde kauft bei uns ein und lässt sich die Rechnung mitgeben	5 600,00 EUR
7	Ein Kunde kauft bei uns ein, zahlt sofort bar, möchte die Ware aber erst in vier Tagen geliefert bekommen	9 400,00 EUR
8	Wir kaufen auf der Messe ein und bezahlen sofort die Ware	6 300,00 EUR
9	Ein Kunde gibt uns die Ware aus Nr. 7 zurück. Wir zahlen ihm den Rechnungsbetrag aus	9 400,00 EUR
10	Wir geben die Ware aus Nr. 8 zurück und erhalten den Rechnungsbetrag per Banküberweisung	6 300,00 EUR

Nr.	Konten	Soll	Haben
1			
2			
3			
4			
5			
6			
7			
8			
9			
10			

2. Nun ist es Elias' Aufgabe, die Warenkonten abzuschließen. Gegeben sind auf der Folgeseite die drei Warenkonten sowie das Eigenkapitalkonto, das Schlussbilanzkonto und das GuV-Konto (Material 1).

Elias ruft sich vorher noch mal ins Gedächtnis, wie der Kontenabschluss abläuft.

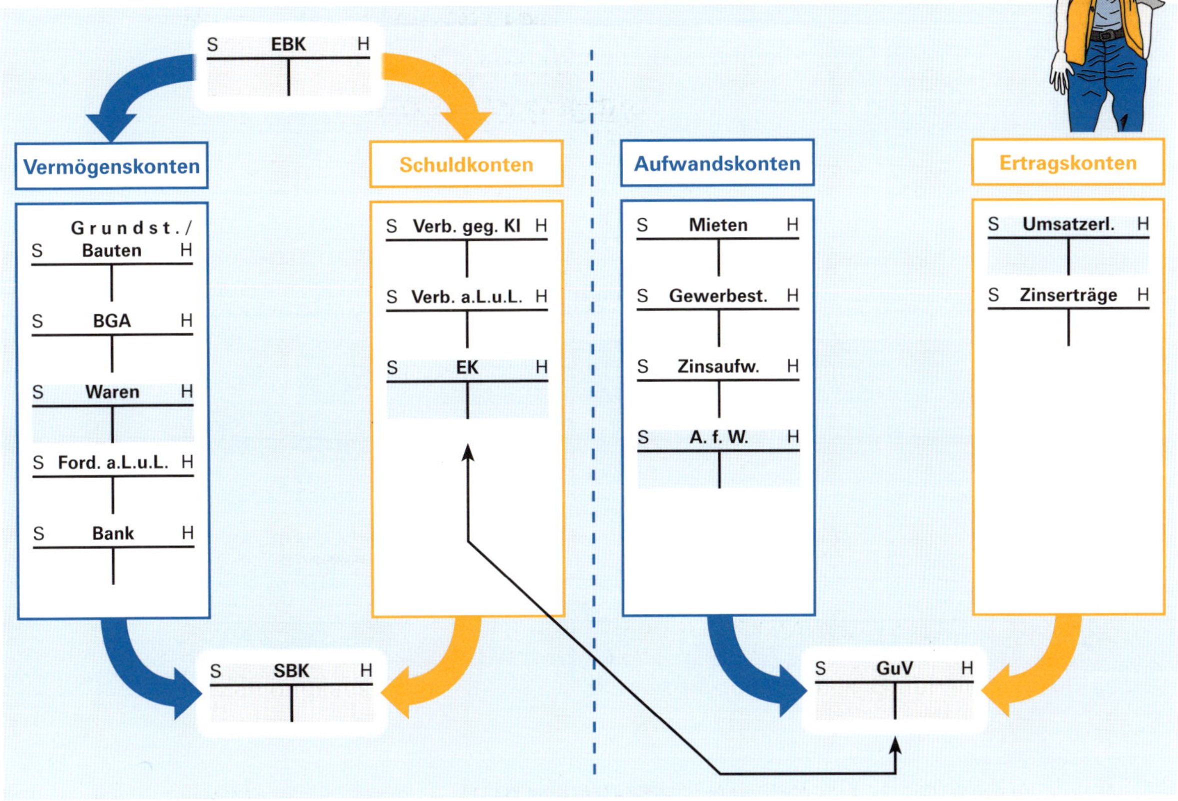

2.1 In seinem Posteingang findet Elias ein paar wichtige Daten. Tragen Sie zunächst die Beträge in die Konten auf der Folgeseite (Material 1) ein.

Anfangsbestand Waren	255 000,00 EUR
Wareneinkäufe	590 000,00 EUR
Warenverkäufe	870 000,00 EUR
Aufwendungen (GuV)	32 000,00 EUR
Erträge (GuV)	14 000,00 EUR
Warenbestand lt. Inventur	260 000,00 EUR
Anfangsbestand Eigenkapital	300 000,00 EUR

2.2 Schließen Sie die Konten ab.

1. Schritt: Abschluss des Kontos Aufwendungen für Waren über das GuV-Konto

GuV
an Aufwendungen für Waren

2. Schritt: Abschluss des Kontos Umsatzerlöse über das GuV-Konto

Umsatzerlöse
an GuV-Konto

2.3 Ermitteln Sie abschließend den Reingewinn/-verlust.

		Betrag in EUR
Reingewinn		
Reinverlust		

Material 1: Kontenabschluss

Waren

Soll	Haben

Aufwendungen für Waren (A. f. W.)

Soll	Haben

SBK

Soll	Haben

Umsatzerlöse (UE)

Soll	Haben

GuV-Konto

Soll	Haben

Eigenkapital

Soll	Haben

11 Beim Ein- und Verkauf die Umsatzsteuer berücksichtigen

Schulbuch Kap. 16

Situation:

Elias bearbeitet heute den Posteingang. Beim Sortieren und Abstempeln der Belege fallen ihm immer wieder die Abkürzungen VSt, USt und MwSt auf. Deshalb versuchen Elias und Lisa Ordnung in diese Abkürzungen zu bringen.

Nabek GmbH
NACHHALTIGE BEKLEIDUNG

Arbeitsaufträge:

1. Unterstützen Sie Elias und Lisa zunächst beim Klären dieser Abkürzungen und recherchieren Sie (z. B. im Internet oder Schulbuch) auf welchen Belegarten diese Abkürzungen jeweils auftauchen.

2. Herr Müller, der Abteilungsleiter der Buchhaltung, bezeichnet die Umsatzsteuer als durchlaufenden Posten. Verdeutlichen Sie mithilfe der Übersicht (Material 1), dass die Umsatzsteuer für die Nabek GmbH in der Tat ein durchlaufender Posten ist.

3. Die Nabek GmbH hat im Monat April nachfolgende Ausgangsrechnungen vorliegen:

1	Ausgangsrechnung vom 04-04-20.., Rechnungsbetrag	51 765,00 EUR
2	Ausgangsrechnung vom 08-04-20.., Rechnungsbetrag	85 680,00 EUR
3	Ausgangsrechnung vom 11-04-20.., Rechnungsbetrag	14 280,00 EUR
4	Ausgangsrechnung vom 13-04-20.., Rechnungsbetrag	10 710,00 EUR
5	Ausgangsrechnung vom 24-04-20.., Rechnungsbetrag	40 460,00 EUR
6	Ausgangsrechnung vom 27-04-20.., Rechnungsbetrag	33 915,00 EUR

Die Nabek GmbH hat im Monat April nachfolgende Eingangsrechnungen für den Einkauf von Handelswaren vorliegen:

1	Eingangsrechnung vom 03-04-20.., Rechnungsbetrag	28 560,00 EUR
2	Eingangsrechnung vom 06-04-20.., Rechnungsbetrag	46 410,00 EUR
3	Eingangsrechnung vom 14-04-20.., Rechnungsbetrag	7 735,00 EUR
4	Eingangsrechnung vom 19-04-20.., Rechnungsbetrag	19 040,00 EUR
5	Eingangsrechnung vom 20-04-20.., Rechnungsbetrag	24 990,00 EUR

Ermitteln Sie anhand der vorliegenden Aus- und Eingangsrechnungen die Zahllast der Nabek GmbH für den Monat April. Nutzen Sie dazu die beiden folgenden Konten.

S	2600 Vorsteuer	H
....		....
....		....
....		....
....		....
....		....

S	4800 Umsatzsteuer	H
....		....
....		....
....		....
....		....
....		....

4. Folgende Geschäftsvorfälle (GV) müssen bei der Nabek GmbH für den Monat Mai noch gebucht werden:

1.	Es wurden Handelswaren auf Ziel gekauft (ER 8325), netto	13500,00 EUR
2.	Banküberweisung der ER 8325	
3.	Wir verkaufen eigene Erzeugnisse auf Ziel (AR 3822) für brutto	81515,00 EUR
4.	Unser Kunde überweist die fällige AR 3822 auf unser Bankkonto	81515,00 EUR
5.	Wir zahlen Reparaturarbeiten an unserer Heizung bar, brutto	2618,00 EUR
6.	Barkauf von Büromaterial für netto	250,00 EUR

Buchen Sie die Geschäftsvorfälle und ermitteln Sie aufgrund dieser Buchungen die Zahllast für die Nabek GmbH auf den Konten „Vorsteuer“ und „Umsatzsteuer“.

Buchungssätze:

GV	Konten	Soll (EUR)	Haben (EUR)
1.			
2.			
3.			
4.			
5.			
6.			

S	2600 Vorsteuer	H
....		....
....		....
....		....
....		....

S	4800 Umsatzsteuer	H
....		....
....		....
....		....
....		....

Material 1: Die Umsatzsteuer als durchlaufender Posten

Zum Ausfüllen der Tabelle sind folgende Angaben zu berücksichtigen:

a) Die Federleicht GbR stellt nachhaltige T-Shirts aus Holzfaser her. Im Monat Mai verkauft die Federleicht GbR T-Shirts aus Holzfaser im Wert von netto 3 000,00 EUR an die Nabek GmbH.

b) Die Nabek GmbH verkauft diese T-Shirts für netto 4 500,00 EUR an die Textilgroßhandlung Brandes GmbH & Co. KG.

c) Die Textilgroßhandlung Brandes GmbH & Co. KG verkauft die T-Shirts an die McNature Outdoor e. K. und kassiert hierfür netto 7 500,00 EUR.

d) Die McNature Outdoor e. K. verkauft die T-Shirts an Endverbraucher für insgesamt 10 000,00 EUR netto.

Betrieb der Umsatzstufe	Ausgangsrechnung des Betriebes	Mehrwertschöpfung	Umsatzsteuer –	Vorsteuer =	Zahllast
Federleicht GbR	______ EUR netto ______ EUR 19 % USt ______ EUR Rechnungsbetrag				
Nabek GmbH	______ EUR netto ______ EUR 19 % USt ______ EUR Rechnungsbetrag				
Textilgroßhandlung Brandes GmbH & Co. KG	______ EUR netto ______ EUR 19 % USt ______ EUR Rechnungsbetrag				
McNature Outdoor e. K.	______ EUR netto ______ EUR 19 % USt ______ EUR Rechnungsbetrag				
Endverbraucher					

Schulbuch
Kap. 17

12 Beim Ein- und Verkauf von Waren Skonti berücksichtigen

Situation 1: Kreditoreneingangsrechnung und Zahlungsausgang buchen

Die Federleicht GbR beliefert die Nabek GmbH regelmäßig mit nachhaltigen Textilien. Nachdem aktuell 10 000 T-Shirts aus Holzfaser geliefert wurden, soll Lisa nun die Buchung der Eingangsrechnung der Federleicht GbR in der Kreditorenbuchhaltung vornehmen.

Dazu schaut Lisa zuerst nach, welche Kreditorennummer die Federleicht GbR hat.

NEU · KREDITORENKARTE · FEDERLEICHT GbR

44011 · Federleicht GbR

Allgemein

Nr.	44011
Name	Federleicht GbR

Adresse und Kontakt

ADRESSE

Adresse	Niederhain 202
Adresse 2	
PLZ-Code	04600
Ort	Altenburg Thür
Länder-/Regionscode	DE

Lisa liegt folgende Rechnung der Federleicht GbR vor:

Federleicht GbR
Niederhain 202
04600 Altenburg
Tel.: 03447 65 24
Fax: 03447 65 25

Federleicht GbR

Federleicht GbR, Niederhain 202, 04600 Altenburg
Nabek GmbH
Sommerwiese 17
72488 Sigmaringen

E-Mail: service@federleichtgbr.de
Homepage: www.federleichtgbr.de

05.03.20..

Rechnung Nr. Q88

Artikelbezeichnung	Menge	Einzelpreis	Gesamtpreis
T-Shirt aus Holzfaser	10 000 Stück	9,50 EUR	95 000,00 EUR
		Zwischensumme	95 000,00 EUR
		– 20 % Rabatt	19 000,00 EUR
		+ Bezugskosten	1 300,00 EUR
		Zwischensumme	77 300,00 EUR
		+ 19 % USt	14 687,00 EUR
		Gesamtsumme	91 987,00 EUR

Zahlungsbedingungen: 3 % Skonto (2 759,61 EUR) innerhalb 10 Tage oder 60 Tage netto.

Arbeitsaufträge:

1. Bilden Sie den Buchungssatz für die vorliegende Eingangsrechnung – zunächst für den Fall, es gäbe keinen Rabatt, kein Skonto und keine Bezugskosten.

Fall	Konten	Soll	Haben
1			

2. Bilden Sie den Buchungssatz für die vorliegende Eingangsrechnung mit Rabatt und Bezugskosten, aber ohne Skontoausnutzung.

Fall	Konten	Soll	Haben
2			

3. Buchen Sie den Zahlungsausgang bei Fall 1:

3.1 ohne Skontoausnutzung

Fall	Konten	Soll	Haben
3.1			

3.2 mit Skontoausnutzung (ohne Rabatt, ohne Bezugskosten)

Fall	Konten	Soll	Haben
3.2			

Nebenrechnungen:

Situation 2: Liefererskonti wegen vorzeitiger Zahlung

Am 14. Februar 20.. überweist Max Tietgen, Sachbearbeiter im Rechnungswesen der Nabek GmbH, zwei Lieferantenrechnungen unter Abzug von Skonto.

SIK – KAD 8/98 S

Bitte beachten Sie die Hinweise auf der Rückseite

IBAN			BIC
DE74 6535 1050 5008 5200 06	KREISSPARKASSE SIGMARINGEN		SOLADES1SIG

Buchungstag	Tag der Wertstellung	Verwendungszweck/Buchungstext	alter Kontostand
			+ 155.337,55
14.02.	14.02.	Lastschrift Lichtblick KG Rechnung-Nr. 001215 abzüglich 3 % Skonto	– 23.086,00
14.02.	14.02.	Lastschrift Bürotec GmbH Rechnung-Nr. 20-R04437 abzüglich 2 % Skonto	– 8.746,50

Nabek GmbH
Sommerwiese 17
72488 Sigmaringen

+ 123.505,05
neuer Kontostand

50/00

UST-ID DE 146812875

Kontoauszug vom	Auszug	Blatt
14.02.20..	35	1

4. Ermitteln Sie für beide Rechnungen den ursprünglich in Rechnung gestellten Warenwert und die enthaltene Vorsteuer.

Rechnung Lichtblick KG:

Rechnung Bürotec GmbH:

5. Schlüsseln Sie mithilfe der beiden nachstehenden Tabellen die Rechnungs-, Skonti- und Zahlungsbeträge auf.

Rechnung Lichtblick KG:

	Rechnung	abzüglich 3 % Skonto	= Zahlungsbetrag
Warenwert			
Vorsteuer			
Rechnungsbetrag			

Rechnung Bürotec GmbH:

	Rechnung	abzüglich 2 % Skonto	= Zahlungsbetrag
Warenwert			
Vorsteuer			
Rechnungsbetrag			

6. Erfassen Sie die Zahlungsausgänge (Beleg in Situation 2) der Nabek GmbH im nachfolgenden Grundbuchauszug.

Fall	Konten	Soll (EUR)	Haben (EUR)
Lastschrift a)			
Lastschrift b)			

7. Vervollständigen Sie die folgenden Merksätze:

➤ Von Lieferern gewährte Skonti werden als ______________________ auf dem Konto ______________________ im ____________________ gebucht.

➤ Die Nabek GmbH erzielt allerdings nur eine ____________________ in Höhe des Nettoskontos, denn die nicht gezahlte Vorsteuer muss auf der __________________seite des ________________kontos zurückgebucht werden.

20 Merkur-Nr. 1828

Situation 3: Kundenskonti wegen vorzeitiger Zahlung

Am 15. Februar 20.. erhält die Nabek GmbH zwei Kundenüberweisungen unter Abzug von Skonto.

IBAN			BIC
DE74 6535 1050 5008 5200 06	KREISSPARKASSE SIGMARINGEN		SOLADES1SIG

Buchungstag	Tag der Wertstellung	Verwendungszweck/Buchungstext	alter Kontostand + 123.505,05
15.02.	15.02.	Zahlungseingang Dresscode KG RNR 24-02134 abzüglich 2 % Skonto	+ 14.344,26
15.02.	15.02.	Zahlungseingang Young Style GmbH Rechnung-Nr. 240102 abzüglich 2 % Skonto	+ 4.023,39

Nabek GmbH
Sommerwiese 17
72488 Sigmaringen

+ 141.872,70
neuer Kontostand

UST-ID DE 146812875

Kontoauszug vom	Auszug	Blatt
15.02.20..	36	1

Bitte beachten Sie die Hinweise auf der Rückseite

SIK – KAD 8/98 S

50/00

8. Ermitteln Sie für beide Rechnungen den ursprünglich in Rechnung gestellten Warenwert und die enthaltene Umsatzsteuer.

Rechnung Dresscode KG:

Rechnung Young Style GmbH:

9. Schlüsseln Sie mithilfe folgender Tabellen die Rechnungs-, Skonti- und Zahlungsbeträge auf.

Rechnung Dresscode KG:

	Rechnung	abzüglich 2 % Skonto	= Zahlungsbetrag
Warenwert			
Umsatzsteuer			
Rechnungsbetrag			

Rechnung Young Style GmbH:

	Rechnung	abzüglich 2 % Skonto	= Zahlungsbetrag
Warenwert			
Umsatzsteuer			
Rechnungsbetrag			

10. Erfassen Sie die Zahlungseingänge (Beleg in Situation 3) der Nabek GmbH im nachfolgenden Grundbuchauszug.

Fall	Konten	Soll (EUR)	Haben (EUR)
Zahlungs-eingang a)			
Zahlungs-eingang b)			

11. Vervollständigen Sie die folgenden Merksätze:

➤ An Kunden gewährte Skonti werden als ______________________ auf dem Konto ________________________ im_________________ gebucht.

➤ Die Nabek GmbH trägt allerdings nur eine ___________________ in Höhe des Nettoskontos, denn die nicht eingenommene Umsatzsteuer muss auf der ____________ seite des _______________kontos zurückgebucht werden.

Schulbuch Kap. 18

13 Anlagegüter beschaffen, abschreiben und buchen

Situation:

Die Nabek GmbH beschafft nicht nur Waren zum Verkauf, sondern benötigt dringend einen qualitativ hochwertigen Kaffeeautomaten, der die Belegschaft in Lisas Büro mit Kaffee versorgt. Diese Kaffeeautomaten sind zwar sehr zeitsparend, aber auch sehr teuer.

Nabek GmbH
NACHHALTIGE BEKLEIDUNG

Lisa soll sich um die Anschaffung kümmern. Nachdem sie verschiedene Angebote verglichen hat, ist Lisa zu dem Ergebnis gekommen, dass der Kaffeeautomat von der Firma Mahlfein e.K. den quantitativen und qualitativen Vorgaben entspricht.

Zu Beginn des Geschäftsjahres wird der Kaffeeautomat geliefert. Es liegt folgende Rechnung bei:

MAHLFEIN e.K.

Mahlfein e.K., Parkallee 33, 88605 Meßkirch
Nabek GmbH
Sommerwiese 17
72488 Sigmaringen

Rechnung Nr. 88 76

Rechnungsdatum: 2. Januar 20..

Lieferdatum: 2. Januar 20..

Menge	Bezeichnung	Gesamtpreis in EUR
1	Kaffee-Espresso-Cappuccino-Vollautomat B68	3 900,00
1	Zubehör Milchschäumer	60,00
1	Zubehör Druckanzeige	25,00
1	Transportversicherung	115,00
	Zwischensumme	4 100,00
	+ 19 %	779,00
	Rechnungsbetrag	4 879,00

Zahlungsbedingungen: 2 % Skonto innerhalb 14 Tage, 30 Tage Ziel
Die gelieferte Ware bleibt bis zur vollständigen Bezahlung unser Eigentum.

Bankverbindung: Volksbank Meßkirch DE 71 6936 2032 0000 9945 66

Sitz des Einzelunternehmens: Meßkirch
Registergericht Meßkirch, HRA 77
Steuer-Nr.: 28468/11907

Arbeitsaufträge:

1. Berechnen Sie die Anschaffungskosten.

Anschaffungskosten	

2. Bilden Sie den Buchungssatz zu der Eingangsrechnung. Die Kreditorennummer lautet 44068.

Konten	Soll	Haben

3. Nennen Sie den Buchungssatz für die Begleichung der Rechnung, wenn die Nabek GmbH den Rechnungsbetrag innerhalb 14 Tagen überweist.

Konten	Soll	Haben

Nebenrechnungen:

4. Führen Sie rechnerisch die Abschreibung über die Laufzeit von 5 Jahren durch.

Der jährliche Abschreibungsbetrag beträgt: ______________________________

Der jährliche Abschreibungssatz beträgt: ______________________________

Anschaffungskosten	
– Abschreibung Jahr 1	
= Buchwert Ende Jahr 1	
– Abschreibung Jahr 2	
= Buchwert Ende Jahr 2	
– Abschreibung Jahr 3	
= Buchwert Ende Jahr 3	
– Abschreibung Jahr 4	
= Buchwert Ende Jahr 4	
– Abschreibung Jahr 5	
= Buchwert Ende Jahr 5	

5. Bilden Sie den Buchungssatz der Abschreibung zum Ende von Jahr 1.

Nr.	Konten	Soll	Haben
1			

6. Nennen Sie die Buchungssätze zum Abschluss des Geschäftsjahres 1.

Nr.	Konten	Soll	Haben
1			
2			

14 Inventur durchführen und Inventar erstellen

Schulbuch Kap. 20

Situation:

Das Geschäftsjahr der Nabek GmbH endet und die Inventur muss getätigt werden.

Alle Mitarbeiter und Mitarbeiterinnen werden für einen Tag von ihrer eigentlichen Arbeit freigestellt und nehmen alle Vermögens- und Schuldposten auf.

Daraufhin hat die Nabek GmbH zum 31. 12. 20.. folgende Inventurwerte festgestellt:

Position		Betrag
Grundstücke	Sommerwiese 17, 72488 Sigmaringen	100 000,00 EUR
Bauten auf eigenen Grundstücken	Verwaltungsgebäude Lagergebäude	420 000,00 EUR 135 000,00 EUR
Maschinen	lt. Anlagenverzeichnis	170 000,00 EUR
Fuhrpark	1 Lkw 1 Pkw	32 300,00 EUR 12 700,00 EUR
Betriebs- und Geschäftsausstattung	lt. Verzeichnis	91 600,00 EUR
Warenvorräte	lt. Verzeichnis	483 300,00 EUR
Forderungen a. Lief. u. Leist.	Kunden Inland Kunden Europa	52 800,00 EUR 33 500,00 EUR
Bargeld	Kassenbestand	2 800,00 EUR
Bankguthaben	Postbank Sparkasse	18 900,00 EUR 126 700,00 EUR
Darlehensschulden	Sparkasse Postbank Stadtbank	160 300,00 EUR 120 700,00 EUR 290 000,00 EUR
Verbindlichkeiten a. Lief. u. Leist.	lt. Lieferantenliste	89 500,00 EUR

Arbeitsaufträge:

1. Stellen Sie das Inventar auf (siehe Folgeseite).
2. Erklären Sie, was man unter körperlicher Bestandsaufnahme versteht.

____

____

____

3. Das Vermögen eines Unternehmens wird in Anlage- und Umlaufvermögen eingeteilt. Unterscheiden Sie die beiden Begriffe.

Anlagevermögen	
Umlaufvermögen	

Inventar zum 31. 12. 20..

Nabek GmbH
NACHHALTIGE BEKLEIDUNG

A. Vermögen

I. Anlagevermögen

1. Grundstück Sommerwiese 17, 72488 Sigmaringen — 100 000,00 EUR
2. Bauten auf eigenen Grundstücken
   - ➤ ____________________ ________
   - ➤ ____________________ ________ ________
3. Maschinen ________
4. Fuhrpark
   - ➤ ____________________ ________
   - ➤ ____________________ ________ ________
5. Betriebs- und Geschäftsausstattung ________

II. Umlaufvermögen

1. Warenvorräte ________
2. Forderungen a. L. u. L. (lt. Kundenliste)
   - ➤ ____________________ ________
   - ➤ ____________________ ________ ________
3. Kassenbestand ________
4. Bankguthaben
   - ➤ ____________________ ________
   - ➤ ____________________ ________ ________

Summe des Vermögens ________

B. Schulden

1. Darlehen
   - ➤ ____________________ ________
   - ➤ ____________________ ________
   - ➤ ____________________ ________ ________
2. Verbindlichkeiten a. L. u. L. (lt. Lieferantenliste) ________

Summe der Schulden ________

C. Ermittlung des Reinvermögens (Eigenkapitals)

Summe des Vermögens ________

– Summe der Schulden ________

= **Reinvermögen (Eigenkapital)** ________

15 Bilanz erstellen

Schulbuch Kap. 21

Situation:

Die Geschäftsführerin der Nabek GmbH möchte so schnell wie möglich die Bilanz zum Geschäftsjahresende einsehen, um weitere Entscheidungen für das kommende Jahr treffen zu können.

Nabek GmbH
NACHHALTIGE BEKLEIDUNG

Arbeitsaufträge:

1. Stellen Sie mithilfe der nachfolgenden Angaben die Bilanz der Nabek GmbH in Sigmaringen zum 31. 12. 20.. auf.

   Beachten Sie die Gliederung der Bilanz.

Information

Das Wort Bilanz kommt aus dem Italienischen („bilancia") und bedeutet Waage. Eine Waage zeigt ein Gleichgewicht an. In der Buchführung ist es das „ins Gleichgewicht bringen" von Vermögenswerten und Verpflichtungen.

Position	Betrag
Warenvorräte	320 000,00 EUR
Verbindlichkeiten aus Lieferungen und Leistungen	90 000,00 EUR
Kasse	4 000,00 EUR
Forderungen aus Lieferungen und Leistungen	70 000,00 EUR
Grundstücke und Bauten	400 000,00 EUR
Verbindlichkeiten gegenüber Kreditinstituten	150 000,00 EUR
Fuhrpark	210 000,00 EUR
Betriebs- und Geschäftsausstattung	135 000,00 EUR
Bankguthaben	96 000,00 EUR

Bilanz zum 31. 12. 20..

Aktiva	Passiva
I. Anlagevermögen	I. Eigenkapital ....
1.	II. Fremdkapital
2.	1. ....
3.	2. ....
II. Umlaufvermögen	
1.	
2.	
3.	
4.	

2. Stellen Sie fest, mit welchem Gesamtkapital die Nabek GmbH arbeitet.

Gesamtbetrag in EUR	

3. Beurteilen Sie, ob die eigenen Mittel zur Finanzierung des Anlagevermögens ausreichen.

LERNFELD 1: BÜROPROZESSE GESTALTEN

Schulbuch Kap. 1

1 Arbeitsraum und Arbeitsplatz gestalten: rechtliche Rahmenbedingungen

Situation:

Um die Sicherheit und den Gesundheitsschutz der Beschäftigten in der Heinrich KG zu sichern und zu verbessern, erteilt die Geschäftsführerin, Gerda Heinrich, dem ernannten Sicherheitsbeauftragten, Herrn Fahri Yildiz, den Auftrag, ein neues System zur Sicherung des Arbeits- und Gesundheitsschutzes zu installieren.

Heinrich KG
Büromöbel und Zubehör

In diesem Kontext soll Herr Fahri Yildiz in den Abteilungen des kaufmännischen Bereichs überprüfen, ob die dort bestehenden Bildschirm- und Büroarbeitsplätze ergonomischen Anforderungen genügen.

Arbeitsaufträge:

1. Entwerfen Sie eine Übersicht, aus der hervorgeht, in welchen Phasen die Einführung des neuen Systems zur Sicherung des Arbeits- und Gesundheitsschutzes erfolgen sollte.
   Orientieren Sie sich dabei an den Auszügen aus dem Arbeitsschutzgesetz (Material 1).

1. Phase:	§ 5 ArbSchG

____
____
____
____

2. Phase:	§ 6 ArbSchG

____
____
____
____

3. Phase:	§ 12 ArbSchG

Beim Arbeitsschutz geht es um aktives Tun – die Durchführung von Maßnahmen – mit dem Ziel der kontinuierlichen Verbesserung. Arbeitsschutz ist ein aktiv zu gestaltender kontinuierlicher Prozess.

Material 1: Auszug aus dem Arbeitsschutzgesetz

§ 3 Grundpflichten des Arbeitgebers

(1) Der Arbeitgeber ist verpflichtet, die erforderlichen Maßnahmen des Arbeitsschutzes unter Berücksichtigung der Umstände zu treffen, die Sicherheit und Gesundheit der Beschäftigten bei der Arbeit beeinflussen. Er hat die Maßnahmen auf ihre Wirksamkeit zu überprüfen und erforderlichenfalls sich ändernden Gegebenheiten anzupassen. Dabei hat er eine Verbesserung von Sicherheit und Gesundheitsschutz der Beschäftigten anzustreben. [...]

§ 4 Allgemeine Grundsätze

Der Arbeitgeber hat bei Maßnahmen des Arbeitsschutzes von folgenden allgemeinen Grundsätzen auszugehen:

1. Die Arbeit ist so zu gestalten, dass eine Gefährdung für Leben und Gesundheit möglichst vermieden und die verbleibende Gefährdung möglichst gering gehalten wird;
2. Gefahren sind an ihrer Quelle zu bekämpfen;
3. bei den Maßnahmen sind der Stand von Technik, Arbeitsmedizin und Hygiene sowie sonstige gesicherte arbeitswissenschaftliche Erkenntnisse zu berücksichtigen;
4. Maßnahmen sind mit dem Ziel zu planen, Technik, Arbeitsorganisation, sonstige Arbeitsbedingungen, soziale Beziehungen und Einfluss der Umwelt auf den Arbeitsplatz sachgerecht zu verknüpfen;
5. individuelle Schutzmaßnahmen sind nachrangig zu anderen Maßnahmen;
6. spezielle Gefahren für besonders schutzbedürftige Beschäftigtengruppen sind zu berücksichtigen;
7. den Beschäftigten sind geeignete Anweisungen zu erteilen;
8. mittelbar oder unmittelbar geschlechtsspezifisch wirkende Regelungen sind nur zulässig, wenn dies aus biologischen Gründen zwingend geboten ist.

§ 5 Beurteilung der Arbeitsbedingungen

(1) Der Arbeitgeber hat durch eine Beurteilung der für die Beschäftigten mit ihrer Arbeit verbundenen Gefährdung zu ermitteln, welche Maßnahmen des Arbeitsschutzes erforderlich sind.

(2) Der Arbeitgeber hat die Beurteilung je nach Art der Tätigkeiten vorzunehmen. Bei gleichartigen Arbeitsbedingungen ist die Beurteilung eines Arbeitsplatzes oder einer Tätigkeit ausreichend.

(3) Eine Gefährdung kann sich insbesondere ergeben durch

1. die Gestaltung und die Einrichtung der Arbeitsstätte und des Arbeitsplatzes,
2. physikalische, chemische und biologische Einwirkungen,
3. die Gestaltung, die Auswahl und den Einsatz von Arbeitsmitteln, insbesondere von Arbeitsstoffen, Maschinen, Geräten und Anlagen sowie den Umgang damit,
4. die Gestaltung von Arbeits- und Fertigungsverfahren, Arbeitsabläufen und Arbeitszeit und deren Zusammenwirken,
5. unzureichende Qualifikation und Unterweisung der Beschäftigten,
6. psychische Belastungen bei der Arbeit.

§ 6 Dokumentation

(1) Der Arbeitgeber muss über die je nach Art der Tätigkeiten und der Zahl der Beschäftigten erforderlichen Unterlagen verfügen, aus denen das Ergebnis der Gefährdungsbeurteilung, die von ihm festgelegten Maßnahmen des Arbeitsschutzes und das Ergebnis ihrer Überprüfung ersichtlich sind. Bei gleichartiger Gefährdungssituation ist es ausreichend, wenn die Unterlagen zusammengefasste Angaben enthalten.

(2) Unfälle in seinem Betrieb, bei denen ein Beschäftigter getötet oder so verletzt wird, dass er stirbt oder für mehr als drei Tage völlig oder teilweise arbeits- oder dienstunfähig wird, hat der Arbeitgeber zu erfassen.

§ 12 Unterweisung

(1) Der Arbeitgeber hat die Beschäftigten über Sicherheit und Gesundheitsschutz bei der Arbeit während ihrer Arbeitszeit ausreichend und angemessen zu unterweisen. Die Unterweisung umfasst Anweisungen und Erläuterungen, die eigens auf den Arbeitsplatz oder den Aufgabenbereich der Beschäftigten ausgerichtet sind. Die Unterweisung muss bei der Einstellung, bei Veränderungen im Aufgabenbereich, der Einführung neuer Arbeitsmittel oder einer neuen Technologie vor Aufnahme der Tätigkeit der Beschäftigten erfolgen. Die Unterweisung muss an die Gefährdungsentwicklung angepasst sein und erforderlichenfalls regelmäßig wiederholt werden.

(2) Bei einer Arbeitnehmerüberlassung trifft die Pflicht zur Unterweisung nach Absatz 1 den Entleiher. Er hat die Unterweisung unter Berücksichtigung der Qualifikation und der Erfahrung der Personen, die ihm zur Arbeitsleistung überlassen werden, vorzunehmen. Die sonstigen Arbeitsschutzpflichten des Verleihers bleiben unberührt.

2. Beschreiben Sie drei Arbeitsschutzmaßnahmen, die nach dem Arbeitsschutzgesetz von den Führungskräften der Heinrich KG – in ihrem jeweiligen Kompetenzbereich – ergriffen werden könnten, um „Gestaltungsdefizite“ zu beheben und damit das Gesundheitsrisiko der Beschäftigten deutlich zu reduzieren.

➤ ______________________________

➤ ______________________________

➤ ______________________________

3. Durch die Nutzung eines ERP-Systems sind viele Beschäftigte der Heinrich KG in der Weise betroffen, dass sie einen erheblichen Teil ihrer Arbeit am Bildschirm durchführen. Die Arbeitsstättenverordnung macht im Anhang in Bezug auf den täglichen Arbeitsablauf bestimmte Vorgaben. Stellen Sie diese Vorgaben dar, befragen Sie dazu Ihr Lernbuch oder das Internet unter: https://www.gesetze-im-internet.de/arbst_ttv_2004/anhang/html.

Täglicher Arbeitsablauf	ArbstättV

4. Die Arbeitsstättenverordnung fasst im Anhang, Abschnitt 6, die Maßnahmen zur Gestaltung von Bildschirmarbeitsplätzen zusammen. Die zu stellenden Anforderungen umfassen die Bildschirmarbeitsplätze allgemein, Bildschirm und Bildschirmgeräte, Bildschirmgeräte und Arbeitsmittel für die ortsgebundene Verwendung an Arbeitsplätzen, tragbare Bildschirmgeräte für die ortsveränderliche Verwendung an Arbeitsplätzen sowie die Benutzerfreundlichkeit von Bildschirmarbeitsplätzen. Beschreiben Sie für jede dieser vier Kategorien jeweils mindestens eine Anforderung.

Bildschirmarbeitsplätze	
Bildschirm und Bildschirmgeräte	
Bildschirmgeräte und Arbeitsmittel für die ortsgebundene Verwendung an Arbeitsplätzen	
Tragbare Bildschirmgeräte für die ortsveränderliche Verwendung an Arbeitsplätzen	
Benutzerfreundlichkeit von Bildschirmarbeitsplätzen	

5. Erstellen Sie eine Checkliste mit acht wesentlichen Merkmalen eines ergonomisch gestalteten Büroarbeitsplatzes!

Nr.	Merkmale	✓
1		
2		
3		
4		
5		
6		
7		
8		

Schulbuch Kap. 2

2 Mit stressbedingten Belastungen umgehen

Situation:

Die Mitarbeiter der Heinrich KG sind im Berufsalltag und im Privatleben unterschiedlichen Stresssituationen ausgesetzt. Die Folge können Abgeschlagenheit und Lustlosigkeit sein und auch zu Depressionen und Burnout führen.

Heinrich KG
Büromöbel und Zubehör

Arbeitsaufträge:

1. Definieren Sie den Begriff Stress und erläutern Sie seine positive und negative Wirkung.

Definition „Stress“	
positive Wirkung („positiver Stress“)	**negative Wirkung („negativer Stress“)**

2. Nennen Sie vier „Stressoren“ (Stressfaktoren) im Berufsalltag und unterbreiten Sie jeweils einen Vorschlag, wie Sie ihm begegnen können.

Stressoren	Bewältigung

3. Im Berufsalltag kann der Einzelne nur wenig Einfluss auf die meisten Stressfaktoren nehmen. Nur durch einen souveränen Umgang mit Stress kann der Einzelne dem daraus resultierenden Druck – auch im privaten Umfeld – auf Dauer standhalten. Geben Sie fünf Möglichkeiten an, um wieder in Work-Life-Balance zu kommen.

- ______________________________
- ______________________________
- ______________________________
- ______________________________
- ______________________________

4. Ziel eines betrieblichen Gesundheitsmanagements ist es, die Gesundheit und das Wohlbefinden der Mitarbeiter am Arbeitsplatz speziell durch nachhaltige Maßnahmen zu fördern und zu erhalten. Diskutieren Sie zunächst im Tandem geeignete Maßnahmen, die kurzfristig, mittelfristig und langfristig umgesetzt werden können. Ergänzen Sie dann die folgende Tabelle, indem Sie jeweils mindestens drei geeignete Maßnahmen zuordnen. Befragen Sie dazu ggf. Ihr Lernbuch und/oder das Internet unter folgender Internetadresse: **http://www.bmg.bund.de/**

kurzfristige Maßnahmen	mittelfristige Maßnahmen	langfristige Maßnahmen

Schulbuch
Kap. 2

3 Mobbing entgegenwirken

Situation:

Heinrich KG
Büromöbel und Zubehör

Im Rahmen des betrieblichen Gesundheitsmanagements bietet die Heinrich KG ihren Mitarbeitern an, Sprechstunden bei einer betriebspsychologischen Beraterin des TÜV Nord wahrzunehmen.

Ein Mitarbeiter, der sehr lange krankheitsbedingt fehlte, hat dieses Beratungsangebot angenommen. Dabei hat sich herausgestellt, dass er von Kollegen regelmäßig und systematisch schikaniert und diskriminiert wurde. Hinter dem Rücken des Mitarbeiters wurden Gerüchte verbreitet, plötzlich verschwanden Arbeitsmaterialien und Unterlagen und Termine wurden nicht weitergeleitet. Häufig musste er unsinnige Arbeitsaufträge erledigen und ständig wurde Kritik an seiner Arbeit geübt mit dem Ziel, den Betroffenen zu isolieren und vom Arbeitsalltag auszuschließen.

Diese belastende Situation verursachte bei ihm zunächst Kopfschmerzen, dann Magen- und Darmbeschwerden und Herzrasen bis hin zu Nervosität, Panikattacken, Seh- und Sprachstörungen.

Arbeitsaufträge:

1. Nach einem Mobbing-Report der Sozialforschungsstelle Dortmund klagen immer mehr Mitarbeiter über „Mobbing am Arbeitsplatz“ – Tendenz steigend. Beschreiben Sie den Begriff Mobbing. Recherchieren Sie in diesem Zusammenhang auch die Bedeutung der Begriffe „Bossing“ und „Staffing“.

Mobbing	
Bossing	
Staffing	

2. Die Ursachen von Mobbing sind unterschiedlich. Situative Faktoren und Persönlichkeitsmerkmale des Opfers und des Täters begünstigen Mobbing am Arbeitsplatz. Geben Sie vier Gründe an, die einen Kollegen zum Mobber werden lassen.

➤ ______________________________

➤ ______________________________

➤ ______________________________

➤ ______________________________

3. Arbeitnehmer, die zum Mobbingopfer wurden, sind ständigen Anfeindungen ausgeliefert. Erstellen Sie im Tandem oder in Teamarbeit eine To-do-Liste mit 7 Punkten gegen Mobbing.

To do: Wie man sich angemessen gegen Mobbing zur Wehr setzt

- ➤ ______
- ➤ ______
- ➤ ______
- ➤ ______
- ➤ ______
- ➤ ______
- ➤ ______

4. Kleinere Frotzeleien und Konflikte unter Kollegen gibt es in jedem Unternehmen. Münden diese Auseinandersetzungen jedoch in Mobbing, fühlen sich die Opfer oft ausgeliefert. Informieren Sie sich in Ihrem Lernbuch und/oder befragen Sie das Internet nach den wichtigsten rechtlichen Regelungen bei Mobbingvorfällen.

Fortsetzung der Situation:

Heinrich KG
Büromöbel und Zubehör

Die Geschäftsführerin der Heinrich KG, Frau Gerda Heinrich, wurde frühzeitig über den Mobbingfall informiert. Konflikte zwischen Arbeitskollegen, die zu Mobbing am Arbeitsplatz ausarten, verursachen hohe Kosten. Krankheitsbedingte Fehlzeiten, geringe Leistungsfähigkeit beim Mobbingopfer und Mitarbeiterfluktuation sind die Folgen. Der gestörte Betriebsfrieden wirkt sich sogar auf das gesamte Abteilungsteam negativ aus.

Deshalb will Frau Heinrich gegensteuern. Sie duldet Mobbing von Kollegen und auch von Vorgesetzten gegenüber Mitarbeitern nicht und fordert ab sofort jeden Mitarbeiter auf, eine Verpflichtungserklärung zu unterschreiben, die in die Personalakte gelegt wird.

5. Informieren Sie sich über Betriebsanweisungen als Informationsaustausch.

Betriebsanweisungen

Bei Betriebsanweisungen wird den Empfängern ein Missstand geschildert, anschließend werden genaue Richtlinien zum Handeln gegeben. Dadurch können bestimmte Arbeitsabläufe neu geregelt werden. Eine präzise Darstellung der Fakten, klare und eindeutige Ausdrucksweise und eine genaue Unterweisung der Betroffenen ist notwendig.

Man sagt dem Empfänger:	**was**	er tun soll,
	wie	er es am besten tun soll,
	warum	er es tun soll.

Für den Erfolg ist die Unterschrift einer kompetenten Person entscheidend.

6. Erstellen Sie ein internes Schreiben an alle Mitarbeiter, in dem Sie die Konfliktsituation zwischen Kollegen durch Mobbing erläutern, und fordern Sie jeden Mitarbeiter auf, eine Verpflichtungserklärung zu unterschreiben.

7. Schreiben Sie die Verpflichtungserklärung mit allen erforderlichen Daten auf einem abtrennbaren Abschnitt, der unterzeichnet an die Personalabteilung innerhalb einer bestimmten Frist zurückgegeben werden muss.

8. Speichern Sie die Betriebsanweisung unter **„Mobbing"**.

9. Lassen Sie das Schriftstück ausdrucken.

4 Konflikte am Arbeitsplatz bewältigen (AGG)

Schulbuch Kap. 2

Situation:

Heinrich KG
Büromöbel und Zubehör

Sabine Schröder, Auszubildende der Heinrich KG, ist total schockiert. Sie musste heute eine Akte in die Abteilung „Verwaltung" bringen und wurde dort ihrer Meinung nach in übelster Weise von Herrn Hase belästigt. Als sie an ihren derzeitigen Arbeitsplatz in der Personalverwaltung zurückkommt, schildert sie der Bereichsleiterin Personalwesen, Frau Gehrke, was ihr geschehen ist:

„Frau Gehrke, ich brauche Ihren Rat und vielleicht auch eine rechtliche Auskunft. Herr Hase hat mich eine ‚kleine knackige Büromaus' genannt und am Handgelenk gefasst, um mich auf seinen Schoß zu ziehen. Als ich ihn aufgefordert habe, mich loszulassen, hat er das zwar getan, gleichzeitig hat er aber gegrinst und gesagt, ich solle nicht so prüde sein und ein bisschen Spaß mitmachen. Für mich ist dieses Verhalten aber kein harmloser Spaß mehr. Kann man gegen unerwünschte Berührungen und aufdringliches Verhalten nicht etwas tun?"

Arbeitsaufträge:

Sie sollen mit der Methode des Rollenspiels die arbeitsrechtlichen Bestimmungen, die in der oben dargestellten Ausgangssituation relevant sind, erarbeiten. Ein Ziel des Rollenspiels ist es, die Situation aus verschiedenen Blickwinkeln (mehrperspektivisch) zu betrachten.

1. Bilden Sie vier Arbeitsgruppen und erarbeiten Sie in der jeweiligen Gruppe Argumente, um die gewählte bzw. die zugewiesene Rolle zu stützen.
   - ➤ Entwickeln Sie in der Gruppe mögliche Gesprächsstrategien für die Rolle.
   - ➤ Einigen Sie sich auf eine Gesprächsstrategie und bestimmen Sie ein Gruppenmitglied, das dann die Rolle spielt.
2. Bewerten Sie das Ergebnis des Rollenspiels hinsichtlich der praktischen Umsetzung und nennen Sie – auf der Grundlage des Rollenspiels – arbeitsrechtliche Maßnahmen, die in der Ausgangssituation ergriffen werden könnten.
3. Die Geschäftsführung will – zusammen mit dem Betriebsrat – eine Betriebsvereinbarung gegen sexuelle Belästigung erarbeiten. Stellen Sie drei bedeutende Vorteile einer derartigen Vereinbarung heraus.
4. Entwerfen Sie in MS Word einen Verhaltenskodex, der die Mitarbeiter/-innen der Heinrich KG zu einer partnerschaftlichen Zusammenarbeit auf Basis des AGG verpflichtet.

Material 1: Rollenkarten

Rollenkarte	**Gerda Heinrich** (Arbeitgeber)

Sie sind die Geschäftsführerin Gerda Heinrich und wurden von der Bereichsleiterin Frau Gehrke über den Vorfall zwischen der Auszubildenden Frau Schröder und dem Sachbearbeiter Herrn Hase informiert.

Zusammen mit Frau Gehrke haben Sie Frau Schröder und Herrn Hase zu einem gemeinsamen Gespräch geladen.

Arbeitsauftrag:

- ➤ Lesen Sie die Pressemitteilung „Gezieltes Anfassen kann sexuelle Belästigung sein" (Material 2) und den Auszug aus dem Allgemeinen Gleichbehandlungsgesetz (AGG) (Material 3).
- ➤ Bereiten Sie sich auf ein gemeinsames Gespräch mit allen Beteiligten vor und vertreten Sie dort (engagiert) Ihre Rolle.

  Im Rahmen dieses Gesprächs sollen Sie zu einer gemeinsamen Lösung gelangen.

Rollenkarte	**Holger Hase** (Sachbearbeiter)

Sie sind Herr Hase, Sachbearbeiter in der „Personalverwaltung“ und Sie haben zweifelsfrei die Auszubildende Sabine Schröder belästigt. Frau Gehrke, Bereichsleiterin Personalwesen und die Geschäftsleiterin Frau Heinrich haben Sie heute zu einem Gespräch gebeten, an dem auch Frau Schröder teilnehmen wird.

Arbeitsauftrag:

- Lesen Sie die Pressemitteilung „Gezieltes Anfassen kann sexuelle Belästigung sein“ (Material 2) und den Auszug aus dem Allgemeinen Gleichbehandlungsgesetz (AGG) (Material 3).
- Bereiten Sie sich auf ein gemeinsames Gespräch mit allen Beteiligten vor und vertreten Sie dort (engagiert) Ihre Rolle.

  Im Rahmen dieses Gesprächs sollen Sie zu einer gemeinsamen Lösung gelangen.

Rollenkarte	**Sabine Schröder** (Auszubildende)

Sie sind Sabine Schröder und Sie wurden vom Sachbearbeiter Herrn Hase unerwünscht körperlich berührt. Nach dem Vorfall vertrauten Sie sich der Bereichsleiterin Frau Gehrke an. Diese ist zugleich Ihre direkte Vorgesetzte, da Sie derzeit im Bereich Personalwesen ausgebildet werden. Frau Gehrke hat Sie gebeten, an einem gemeinsamen Gespräch, zu dem auch Herr Hase und die Geschäftsleiterin Frau Heinrich kommen werden, teilzunehmen.

Arbeitsauftrag:

- Lesen Sie die Pressemitteilung „Gezieltes Anfassen kann sexuelle Belästigung sein“ (Material 2) und den Auszug aus dem Allgemeinen Gleichbehandlungsgesetz (AGG) (Material 3).
- Bereiten Sie sich auf ein gemeinsames Gespräch mit allen Beteiligten vor und vertreten Sie dort (engagiert) Ihre Rolle.

  Im Rahmen dieses Gesprächs sollen Sie zu einer gemeinsamen Lösung gelangen.

Rollenkarte	**Kornelia Gehrke** (Bereichsleiterin Personalwesen)

Sie sind Frau Gehrke, die unmittelbare Vorgesetzte der Auszubildenden Sabine Schröder. Diese, seit vier Wochen im Bereich Personalwesen tätig, berichtete Ihnen, dass sie von Herrn Hase belästigt wurde. Die Geschäftsführerin der Heinrich KG, Frau Heinrich, haben Sie von diesem Vorfall in Kenntnis gesetzt. Gemeinsam mit ihr haben Sie die Beteiligten zu einem Gespräch gebeten.

Arbeitsauftrag:

- Lesen Sie die Pressemitteilung „Gezieltes Anfassen kann sexuelle Belästigung sein“ (Material 2) und den Auszug aus dem Allgemeinen Gleichbehandlungsgesetz (AGG) (Material 3).
- Bereiten Sie sich auf ein gemeinsames Gespräch mit allen Beteiligten vor und vertreten Sie dort (engagiert) Ihre Rolle.

  Im Rahmen dieses Gesprächs sollen Sie zu einer gemeinsamen Lösung gelangen.

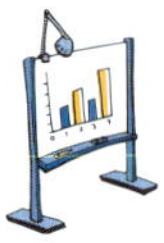

Material 2: Pressemitteilung

„Gezieltes Anfassen kann sexuelle Belästigung sein“

Kiel/Berlin – Wer die allgemein übliche minimale körperliche Distanz nicht wahrt, sondern eine Mitarbeiterin gezielt unnötig und wiederholt anfasst oder berührt, kann bereits eine sexuelle Belästigung begehen, erklärt der Deutsche Anwaltverein (DAV) in Berlin.

Der DAV beruft sich auf ein Urteil des Landesarbeitsgerichts Kiel (Aktenzeichen: 3 Sa 163/06). In dem Fall hatte der Arbeitgeber einem seit 33 Jahren bei ihm beschäftigten Fachbereichsleiter fristlos gekündigt. Der Mann hatte eine Mitarbeiterin über einen langen Zeitraum körperlich bedrängt, zum Teil mit der Bemerkung „Stell Dich nicht so an“. Außerdem hatte er ihr unter vier Augen pornografische Bilder vorgelegt und gesagt, solche Bilder auch von ihr anfertigen zu können. Als Entschuldigung gab er an, er habe die Mitarbeiterin als nicht attraktiv empfunden und daher deren Empfindung seiner Handlung als sexuelle Anmache als abwegig erachtet.

Das Gericht akzeptierte diese Erklärung nicht und folgte der Argumentation des Arbeitgebers. Es sah im Verhalten des Fachbereichsleiters ebenfalls eine über Jahre anhaltende Verletzung der Intimsphäre und Menschenwürde der Mitarbeiterin. Dies rechtfertige eine fristlose Kündigung vor allem auch deswegen, weil er als Vorgesetzter eine besondere Schutzfunktion zu erfüllen hatte.

http://archiv.rhein-zeitung.de/on/07/03/13/service/berufbildung/recht/t/rzo320734.html

Material 3: Allgemeines Gleichbehandlungsgesetz (AGG) – Auszug

§ 1 Ziel des Gesetzes

Ziel des Gesetzes ist, Benachteiligungen aus Gründen der Rasse oder wegen der ethnischen Herkunft, des Geschlechts, der Religion oder Weltanschauung, einer Behinderung, des Alters oder der sexuellen Identität zu verhindern oder zu beseitigen.

§ 3 Begriffsbestimmungen

(1) Eine unmittelbare Benachteiligung liegt vor, wenn eine Person wegen eines in § 1 genannten Grundes eine weniger günstige Behandlung erfährt, als eine andere Person in einer vergleichbaren Situation erfährt, erfahren hat oder erfahren würde. Eine unmittelbare Benachteiligung wegen des Geschlechts liegt in Bezug auf § 2 Abs. 1 Nr. 1 bis 4 auch im Falle einer ungünstigeren Behandlung einer Frau wegen Schwangerschaft oder Mutterschaft vor.

(2) Eine mittelbare Benachteiligung liegt vor, wenn dem Anschein nach neutrale Vorschriften, Kriterien oder Verfahren Personen wegen eines in § 1 genannten Grundes gegenüber anderen Personen in besonderer Weise benachteiligen können, es sei denn, die betreffenden Vorschriften, Kriterien oder Verfahren sind durch ein rechtmäßiges Ziel sachlich gerechtfertigt und die Mittel sind zur Erreichung dieses Ziels angemessen und erforderlich.

(3) Eine Belästigung ist eine Benachteiligung, wenn unerwünschte Verhaltensweisen, die mit einem in § 1 genannten Grund in Zusammenhang stehen, bezwecken oder bewirken, dass die Würde der betreffenden Person verletzt und ein von Einschüchterungen, Anfeindungen, Erniedrigungen, Entwürdigungen oder Beleidigungen gekennzeichnetes Umfeld geschaffen wird.

(4) Eine sexuelle Belästigung ist eine Benachteiligung in Bezug auf § 2 Abs. 1 Nr. 1 bis 4, wenn ein unerwünschtes, sexuell bestimmtes Verhalten, wozu auch unerwünschte sexuelle Handlungen und Aufforderungen zu diesen, sexuell bestimmte körperliche Berührungen, Bemerkungen sexuellen Inhalts sowie unerwünschtes Zeigen und sichtbares Anbringen von pornographischen Darstellungen gehören, bezweckt oder bewirkt, dass die Würde der betreffenden Person verletzt wird, insbesondere wenn ein von Einschüchterungen, Anfeindungen, Erniedrigungen, Entwürdigungen oder Beleidigungen gekennzeichnetes Umfeld geschaffen wird.

(5) Die Anweisung zur Benachteiligung einer Person aus einem in § 1 genannten Grund gilt als Benachteiligung. Eine solche Anweisung liegt in Bezug auf § 2 Abs. 1 Nr. 1 bis 4 insbesondere vor, wenn jemand eine Person zu einem Verhalten bestimmt, das einen Beschäftigten oder eine Beschäftigte wegen eines in § 1 genannten Grundes benachteiligt oder benachteiligen kann.

§ 12 Maßnahmen und Pflichten des Arbeitgebers

(1) Der Arbeitgeber ist verpflichtet, die erforderlichen Maßnahmen zum Schutz vor Benachteiligungen wegen eines in § 1 genannten Grundes zu treffen. Dieser Schutz umfasst auch vorbeugende Maßnahmen.

(2) Der Arbeitgeber soll in geeigneter Art und Weise, insbesondere im Rahmen der beruflichen Aus- und Fortbildung, auf die Unzulässigkeit solcher Benachteiligungen hinweisen und darauf hinwirken, dass diese unterbleiben. Hat der Arbeitgeber seine Beschäftigten in geeigneter Weise zum Zwecke der Verhinderung von Benachteiligung geschult, gilt dies als Erfüllung seiner Pflichten [...].

(3) Verstoßen Beschäftigte gegen das Benachteiligungsverbot des § 7 Abs. 1, so hat der Arbeitgeber die im Einzelfall geeigneten, erforderlichen und angemessenen Maßnahmen zur Unterbindung der Benachteiligung wie Abmahnung, Umsetzung, Versetzung oder Kündigung zu ergreifen.

(4) Werden Beschäftigte bei der Ausübung ihrer Tätigkeit durch Dritte nach § 7 Abs. 1 benachteiligt, so hat der Arbeitgeber die im Einzelfall geeigneten, erforderlichen und angemessenen Maßnahmen zum Schutz der Beschäftigten zu ergreifen.

(5) Dieses Gesetz und § 61b des Arbeitsgerichtsgesetzes sowie Informationen über die für die Behandlung von Beschwerden nach § 13 zuständigen Stellen sind im Betrieb oder in der Dienststelle bekannt zu machen. Die Bekanntmachung kann durch Aushang oder Auslegung an geeigneter Stelle oder den Einsatz der im Betrieb oder der Dienststelle üblichen Informations- und Kommunikationstechnik erfolgen.

§ 13 Beschwerderecht

(1) Die Beschäftigten haben das Recht, sich bei den zuständigen Stellen des Betriebs, des Unternehmens oder der Dienststelle zu beschweren, wenn sie sich im Zusammenhang mit ihrem Beschäftigungsverhältnis vom Arbeitgeber, von Vorgesetzten, anderen Beschäftigten oder Dritten wegen eines in § 1 genannten Grundes benachteiligt fühlen. Die Beschwerde ist zu prüfen und das Ergebnis der oder dem beschwerdeführenden Beschäftigten mitzuteilen.

§ 14 Leistungsverweigerungsrecht

Ergreift der Arbeitgeber keine oder offensichtlich ungeeignete Maßnahmen zur Unterbindung einer Belästigung oder sexuellen Belästigung am Arbeitsplatz, sind die betroffenen Beschäftigten berechtigt, ihre Tätigkeit ohne Verlust des Arbeitsentgelts einzustellen, soweit dies zu ihrem Schutz erforderlich ist. § 273 des Bürgerlichen Gesetzbuchs bleibt unberührt.

§ 15 Entschädigung und Schadensersatz

(1) Bei einem Verstoß gegen das Benachteiligungsverbot ist der Arbeitgeber verpflichtet, den hierdurch entstandenen Schaden zu ersetzen. Dies gilt nicht, wenn der Arbeitgeber die Pflichtverletzung nicht zu vertreten hat.

(2) Wegen eines Schadens, der nicht Vermögensschaden ist, kann der oder die Beschäftigte eine angemessene Entschädigung in Geld verlangen. Die Entschädigung darf bei einer Nichteinstellung drei Monatsgehälter nicht übersteigen, wenn der oder die Beschäftigte auch bei benachteiligungsfreier Auswahl nicht eingestellt worden wäre.

(3) Der Arbeitgeber ist bei der Anwendung kollektivrechtlicher Vereinbarungen nur dann zur Entschädigung verpflichtet, wenn er vorsätzlich oder grob fahrlässig handelt.

(4) Ein Anspruch nach Absatz 1 oder 2 muss innerhalb einer Frist von zwei Monaten schriftlich geltend gemacht werden, es sei denn, die Tarifvertragsparteien haben etwas anderes vereinbart. Die Frist beginnt im Falle einer Bewerbung oder eines beruflichen Aufstiegs mit dem Zugang der Ablehnung und in den sonstigen Fällen einer Benachteiligung zu dem Zeitpunkt, in dem der oder die Beschäftigte von der Benachteiligung Kenntnis erlangt.

(5) Im Übrigen bleiben Ansprüche gegen den Arbeitgeber, die sich aus anderen Rechtsvorschriften ergeben, unberührt.

(6) Ein Verstoß des Arbeitgebers gegen das Benachteiligungsverbot des § 7 Abs. 1 begründet keinen Anspruch auf Begründung eines Beschäftigungsverhältnisses, Berufsausbildungsverhältnisses oder einen beruflichen Aufstieg, es sei denn, ein solcher ergibt sich aus einem anderen Rechtsgrund.

§ 17 Soziale Verantwortung der Beteiligten

(1) Tarifvertragsparteien, Arbeitgeber, Beschäftigte und deren Vertretungen sind aufgefordert, im Rahmen ihrer Aufgaben und Handlungsmöglichkeiten an der Verwirklichung des in § 1 genannten Ziels mitzuwirken.

§ 22 Beweislast

Wenn im Streitfall die eine Partei Indizien beweist, die eine Benachteiligung wegen eines in § 1 genannten Grundes vermuten lassen, trägt die andere Partei die Beweislast dafür, dass kein Verstoß gegen die Bestimmungen zum Schutz vor Benachteiligung vorgelegen hat.

5 Ein Gruppenbüro reorganisieren

Schulbuch Kap. 3

Situation:

Heinrich KG
Büromöbel und Zubehör

Während der Ausbildung zum Kaufmann für Büromanagement wird der Auszubildende Leon Laus in der Heinrich KG im Kundendienst eingesetzt. Der Abteilungsleiterin, Frau Manuela Sommerland, sind die Sachbearbeiterinnen Frau Anja Alm und Frau Svenja Schröder direkt unterstellt. Stellenbeschreibungen dieser drei Büroarbeitsplätze ergänzen den Organisations- und Führungsplan und bilden die Basis für alle routinemäßig ablaufenden Arbeitsprozesse in der Abteilung.

Das Gruppenbüro wurde vor über 15 Jahren neu gestaltet und auf die damaligen Bedingungen abgestimmt **(Material 1)**. Der Schreibtisch der Abteilungsleiterin steht zwischen den beiden Fenstern an der linken Außenwand. Frau Alm sitzt bei der Erledigung ihrer Aufgaben direkt am Fenster. Der Arbeitsplatz von Frau Schröder befindet sich an der rechten Innenwand. Eine Stehlampe sorgt in der „Besuchersitzecke" für ausreichende Lichtverhältnisse. Den Beschäftigten steht nur ein Telefon zur Verfügung, das auf Frau Sommerlands Schreibtisch steht. Dies ermöglicht allen Beschäftigten einen schnellen Zugriff. Die Bürostühle sind nicht verstellbar, haben ein Fußkreuz und sind mit fünf Rollen ausgestattet. Direkt neben der Eingangstür wurde ein PC Arbeitsplatz eingerichtet, den sowohl Frau Alm als auch Frau Schröder nutzen.

Der Computer ist u. a. mit einem 3-GHz-P4-Prozessor, einer Radeon-9800-SE-Grafikkarte, einer 160-GByte-Festplatte und einem DVD-Brenner ausgestattet. Unter Windows Vista sind als Softwareanwendungen u. a. MS Excel 2007 und MS Word 2007 installiert. Der Drucker arbeitet im Korrespondenzdruck (schwarzweiß) mit bis zu 22 Seiten und im Farb-Druck mit bis zu 15 Seiten pro Minute. Durch Arbeitsgeräusche des Tintendruckers werden Telefonate und Besprechungen vielfach gestört. Der Kopierer und das Faxgerät erhöhen den Lärmpegel zusätzlich.

Für den Auszubildenden Leon Laus ist kein Schreibtisch vorhanden. Er muss seine Arbeiten am Computer oder in der „Besuchersitzecke" erledigen. Mit der Geschäftsführerin Gerda Heinrich wurde vereinbart, Vorschläge für eine Neugestaltung des Büros durch die davon betroffenen Beschäftigten und den Betriebsrat erarbeiten zu lassen und diese auf der nächsten „Abteilungsbesprechung" vorzustellen **(Material 2)**.

Arbeitsaufträge:

1. Bilden Sie auf freiwilliger Basis vier thementeilige Arbeitsgruppen, um die Handlungs- und Gestaltungsmöglichkeiten für die Reorganisation des Gruppenbüros in der Abteilung Kundendienst unter folgenden Gesichtspunkten zu vertiefen:

   - Arbeits- und Gesundheitsschutz
   - Gestaltung der Arbeitsumgebung
   - Technische Ausstattung/Hardware-Ergonomie
   - Software-Ergonomie

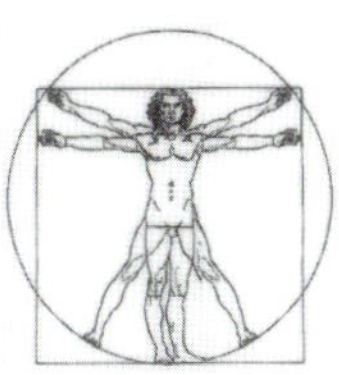

2. Planen Sie in den einzelnen Arbeitsgruppen selbstständig die Herangehensweise an die jeweiligen Arbeitsaufträge, deren Durchführung und Präsentation. Nutzen Sie speziell das Internet als Kommunikationsmittel und versuchen Sie dabei möglichst zielorientiert zu Ergebnissen zu kommen.

3. Erstellen Sie (gemeinsam) einen Beurteilungsbogen, um damit das Ergebnis und die Präsentation der einzelnen Arbeitsgruppen zu bewerten.

- Raumskizze des Gruppenbüros der Abteilung Kundendienst siehe **Material 1**.
- Siehe hierzu die Gesprächsnotiz und Einladung zur „Abteilungsbesprechung" **(Material 2)**.

Arbeitsgruppe 1

Arbeits- und Gesundheitsschutz

Im Rahmen der Reorganisation des Gruppenbüros soll die technische Grundausstattung erneuert und durch eine leistungsfähigere Hard- und Software ersetzt werden.

Als Mitglied des Betriebsrats sind Sie u.a. für den Arbeits- und Gesundheitsschutz zuständig. Die ständige Verbesserung der Arbeitsbedingungen für alle Beschäftigten liegt Ihnen besonders am Herzen.

Arbeitsaufträge:

1. Beschreiben Sie die gesundheitlichen Gefährdungen und Beeinträchtigungen, die bei der Arbeit in einem Büro mit Bildschirmen vorhanden sind.
2. Erläutern Sie, wie die ergonomische Gestaltung von Büro- und Bildschirmarbeitsplätzen in Deutschland geregelt ist.
3. Entwerfen Sie eine Betriebsvereinbarung für Bildschirmarbeitsplätze, die ausdrücklich auch die Gesundheitsvorsorge für die Beschäftigten einbezieht.
4. Wählen Sie eine geeignete Präsentationsform, um Ihre Ergebnisse auf der nächsten „Abteilungsbesprechung" vorzustellen.
5. Einigen Sie sich in der Gruppe, wer die Präsentation der Ergebnisse übernimmt.

Orientieren Sie sich am eingesetzten Lernbuch, am Informationstext (Material 3) und befragen Sie das Internet beispielsweise unter den folgenden Internetadressen:

- http://www.sozialnetz.de/
- http://www.ergo-online.de/
- http://www.bmas.de/DE/Startseite/start.html
- http://www.vbg.de/DE/0_Home/home_node.html

Arbeitsgruppe 2

Gestaltung der Arbeitsumgebung

Im Rahmen der Reorganisation des Gruppenbüros soll eine ergonomische Büroausstattung dafür sorgen, dass die Beschäftigten einen möglichst geeigneten Arbeitsplatz vorfinden.

Für die Neugestaltung des Büros ist insgesamt ein Budget von 27.500 Euro vorhanden. Etwaige Handwerkerarbeiten können hausintern vorgenommen werden.

Arbeitsaufträge:

1. Analysieren Sie den Raum und die Arbeitsplätze anhand der Raumskizze (Material 1).
2. Verändern Sie das Büro durch Umstellen, Entfernen oder Neuanschaffung von Objekten, bis es idealen Arbeitsbedingungen entspricht.
3. Stellen Sie die Kosten für die ergonomische Ausstattung des Büros in einer Übersicht zusammen. Beraten Sie, welche Anschaffungen unbedingt erforderlich sind und wo Sie Kompromisse eingehen könnten.
4. Erstellen Sie eine kurze PowerPoint-Präsentation, um Ihre Ergebnisse auf der nächsten „Abteilungsbesprechung" vorstellen zu können.
5. Einigen Sie sich in der Gruppe, welches Tandem-Team die Präsentation übernimmt.

Orientieren Sie sich am eingesetzten Lernbuch und befragen Sie das Internet etwa unter den folgenden Internetadressen:

- http://www.sozialnetz.de/
- http://www.ergo-online.de/
- http://www.bmas.de/DE/Startseite/start.html
- http://www.vbg.de/DE/0_Home/home_node.html

Tipp: Unternehmen, die Büromöbel verkaufen, verfügen häufig über CAD-Software, mit deren Hilfe Büros virtuell „eingerichtet" werden können. Lassen Sie sich doch bei der Einrichtung des Gruppenbüros beraten.

Arbeitsgruppe 3

Technische Ausstattung/Hardware-Ergonomie

Im Rahmen der Reorganisation des Gruppenbüros soll die technische Büroausstattung unter besonderer Berücksichtigung des ergonomischen Profils von PC-Peripheriegeräten erneuert werden. Alle Beschäftigten sollen auf multifunktionale Büro- und Kommunikationsgeräte zurückgreifen und mit Beschäftigten in anderen Unternehmensbereichen über den PC bzw. das Computersystem kommunizieren können. Um weiterhin kundenorientiert zu arbeiten, soll eine Software zur Kundenpflege und als Standardsoftware entweder Microsoft Office oder OpenOffice eingesetzt werden.

Für die Reorganisation des Büros stehen insgesamt 27.500 Euro zur Verfügung.

Arbeitsaufträge:

1. Stellen Sie die erforderlichen „Hardware-Komponenten“ in einer Übersicht zusammen. Berücksichtigen Sie bei der Auswahl speziell auch ergonomische Anforderungen.
2. Führen Sie basierend auf dieser Übersicht eine Internetrecherche über die erforderlichen, „Hardware-Komponenten“, deren Preise und ggf. die Kosten für Support und Wartung durch. Informieren Sie sich explizit über die Umweltfreundlichkeit und Recyclingfähigkeit der einzelnen Geräte.
3. Wählen Sie eine geeignete Präsentationsform, um die Ergebnisse Ihrer Recherche auf der nächsten „Abteilungsbesprechung“ vorstellen zu können.
4. Einigen Sie sich innerhalb der Gruppe, wer die Präsentation übernimmt.

Orientieren Sie sich am eingesetzten Lernbuch und befragen Sie das Internet beispielsweise unter den folgenden Internetadressen:

- http://www.volkscomputer.info/
- http://www.alternate.de/html/index.html
- http://www.ergo-online.de/
- http://www.vbg.de/DE/0_Home/home_node.html

Arbeitsgruppe 4

Software-Ergonomie

Im Rahmen der Reorganisation des Gruppenbüros soll eine Software zur Kundenpflege und als Standardsoftware Microsoft Office oder OpenOffice eingesetzt werden. Die Programme sollen bereichsbezogene Prozesse und Arbeitsabläufe unterstützen, ohne die Beschäftigten zusätzlich zu belasten. Die in den Programmen verwendeten Begriffe und Symbole sollen den arbeitsspezifischen Regelungen entsprechen und widerspruchsfrei, eindeutig und möglichst abkürzungsfrei sein.

Arbeitsaufträge:

1. Stellen Sie in einem Impulsreferat die Bedeutung der Software-Ergonomie dar und erläutern Sie, wie Software-Ergonomie geprüft werden kann.
2. Überprüfen Sie, ob die von den Beschäftigten favorisierte Standardsoftware den Zielen einer arbeitnehmerorientierten Softwaregestaltung entspricht.
3. Erstellen Sie eine kurze PowerPoint-Präsentation, um Ihre Ergebnisse auf der nächsten „Abteilungsbesprechung“ vorstellen zu können.
4. Einigen Sie sich in der Gruppe, welches Tandem-Team die Präsentation übernimmt.

Orientieren Sie sich am eingesetzten Lernbuch und befragen Sie das Internet beispielsweise unter den folgenden Internetadressen:

- http://www.sovt.de/
- http://www.vbg.de/DE/0_Home/home_node.html
- http://www.ergo-online.de/

Material 1: Raumskizze des Gruppenbüros der Abteilung Kundendienst

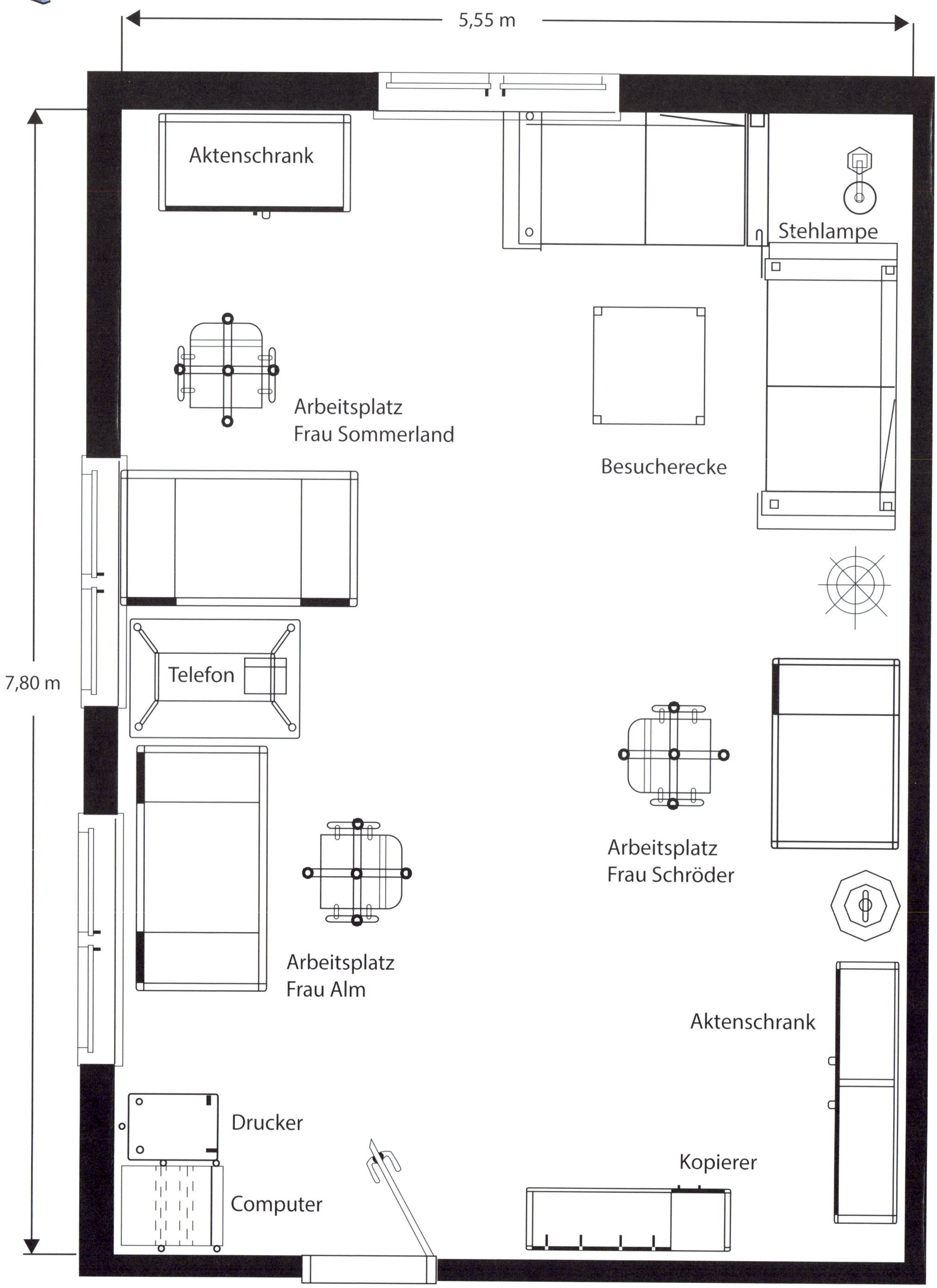

Material 2: Gesprächsnotiz und Einladung zur „Abteilungsbesprechung“

Gesprächsnotiz		Datum: 03.01.20.. Uhrzeit: 09:30 Uhr
Gesprächspartner:	Frau Gerda Heinrich Frau Manuela Sommerland Frau Anja Alm Frau Svenja Schröder Frau Pia Brause	(Geschäftsführung) (ALn Kundendienst) (Sachbearbeiterin Kundendienst) (Sachbearbeiterin Kundendienst) (Betriebsrat)

Anlass: Reorganisation des Gruppenbüros in der Abteilung Kundendienst

1. Arbeitsstättenverordnung, Arbeitsschutzgesetz
2. Budget 27.500 Euro
   (Durchführung von Handwerkerarbeiten firmenintern)
3. Aspekte:
   - Arbeitsschutz
   - Gestaltung der Arbeitsumgebung
   - Technische Ausstattung/Hardware-Ergonomie
   - Software-Ergonomie
3. Konzeptioneller Vorschlag durch die Abteilung Kundendienst
   bis zum 12.02.20..

4. Januar 20.. Anja Alm

Einladung zur „Abteilungsbesprechung“	
Thema:	Reorganisation des Gruppenbüros in der Abteilung Kundendienst
Leitung:	Frau Manuela Sommerland
Teilnehmer:	Frau Gerda Heinrich Frau Anja Alm Frau Svenja Schröder Frau Pia Brause
Protokoll:	Frau Svenja Schröder
Ort:	Konferenzraum 1
Datum:	12.02.20..
Zeit:	09:30 Uhr

Tagesordnung:

1. Vorstellung der jeweiligen Handlungs- und Gestaltungsmöglichkeiten
   Bereiche:
   - Arbeitsschutz
   - Gestaltung der Arbeitsumgebung
   - Technische Ausstattung/Hardware Ergonomie
   - Software Ergonomie

   (Vortragszeit: jeweils ca. 15 Minuten)
2. Diskussion der Berichte
3. Beschlussfassung
4. Verschiedenes

Material 3: Informationstext zur Betriebsvereinbarung für Bildschirmarbeitsplätze

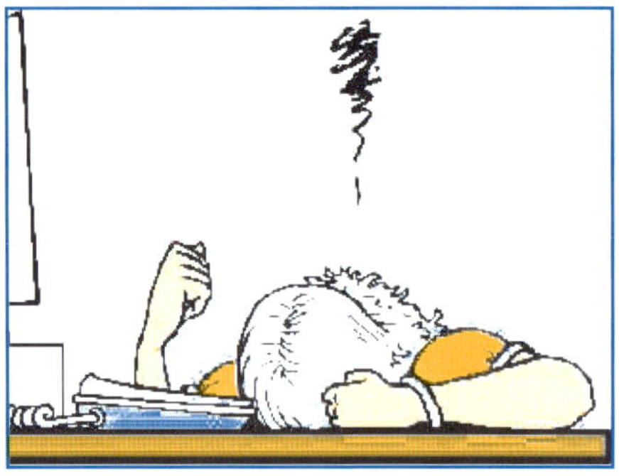

Vorbemerkung:

Bildschirmarbeit führt immer häufiger zur Einbindung des Arbeitnehmers in vernetzte, komplexe Systeme der Datenverarbeitung. Die technische Entwicklung schreitet rasant voran. Im Bereich der Softwareanwendungen finden multifunktionale Büroorganisations- und Kommunikationsanwendungen zunehmend Verbreitung. Personalinformations-, Finanzbuchhaltungs-, Kundenpflege-, Lagerhaltungs- und Verwaltungsprogramme sowie Systeme zur Entwicklung und Herstellung von Produkten sind heute ebenso Standard wie branchen- und problembezogene Speziallösungen.

Hardware- und systemseitig setzt sich bei Unternehmen der Trend fort, Cloud-Dienste zu nutzen. Relevant bleibt es weiterhin, vernetzte Systeme mit immer leistungsstärkeren Arbeitsplatzrechnern im Netzverbund auszustatten. Über private oder öffentliche Netze (LAN, WAN) pflegen Geschäftspartner den organisierten, standardisierten elektronischen Daten- und Dokumentenaustausch (Electronic Data Interchange).

Daneben wirkt sich die Miniaturisierung in Gestalt des betrieblichen Einsatzes mobiler Systeme (Laptops, Notebooks, Smartphones und Tablets) aus. So können beispielsweise Außendienstmitarbeiter über Mobilfunk an nahezu jedem Ort in den elektronischen Daten- und Dokumentenaustausch eingebunden werden.

Für den einzelnen Arbeitnehmer stellen sich dabei u. a. Fragen in Bezug auf folgende Bereiche:

- die arbeitsmedizinisch unbedenkliche Gestaltung seines Arbeitsplatzes,
- den Schutz vor unkontrollierter technischer Überwachung am Arbeitsplatz bzw. den Schutz personenbezogener Daten,
- grundlegende betriebliche Umorganisationen und gegebenenfalls der Verlust des eigenen Arbeitsplatzes als Folge von Rationalisierung.

Betriebsvereinbarung:

Zu beachten ist, dass eine Betriebsvereinbarung – jedenfalls wenn sie nicht durch den Spruch einer Einigungsstelle festgelegt wird – das Ergebnis eines Verhandlungsprozesses ist, der auch Kompromisse erfordert, die meist über die rein rechtliche Betrachtung hinausgehen.

6 Das „Büro der Zukunft" gestalten

Situation:

Die Heinrich KG importiert seit über fünf Jahren moderne und exklusive Designermöbel und Büroaccessoires aus Italien und beliefert damit Kunden im gesamten Bundesgebiet.

Heinrich KG
Büromöbel und Zubehör

Speziell Chefschreibtische mit ihren individuellen Gestaltungsmöglichkeiten und Sideboards trafen den Geschmack der Kunden so gut, dass im Sommer ein großes Lagergebäude im Hamburger Industriegebiet Süd errichtet werden musste.

Da mittlerweile die Büroräume am Standort in Hamburg für die hier Beschäftigten zu klein werden, soll ein neues Bürogebäude an das Lagergebäude angebaut werden. In diesem Zusammenhang ist die Einrichtung eines Großraumbüros geplant. Auf der gemeinsamen Sitzung von Geschäftsführung und Betriebsrat werden unter anderem die Vor- und Nachteile dieser Büroform diskutiert.

Arbeitsaufträge:

1. Beschreiben Sie mindestens fünf Merkmale eines Großraumbüros.

➤ ______________________________

____

➤ ______________________________

____

➤ ______________________________

____

➤ ______________________________

____

➤ ______________________________

____

2. Zeigen Sie die Vorzüge von Großraumbüros sowie deren Probleme und Nachteile – insbesondere im Vergleich zum Einzelbüro – auf.

Vorzüge	

Probleme und Nachteile	

3. Einzel-, Gruppen- und Großraumbüros unterscheiden sich speziell durch raumbezogene Eigenschaften, „non-territoriale Büros“ basieren indes auf organisatorischen Ansätzen. Bei diesem Bürokonzept (non-territorial = nicht ortsgebunden) verfügt der Mitarbeiter über keinen festen Arbeitsplatz, vielmehr sucht er sich im „Büroterritorium“ (nach aufgabenspezifischen Erfordernissen und/ oder Verfügbarkeit) seinen zeitweisen Arbeitsplatz. Die Anzahl der eingerichteten Arbeitsplätze ist bei diesem Modell geringer als die Zahl der Nutzer.

   Recherchieren Sie nach den unterschiedlichen Ausprägungsformen des „non-territorialen Büros“ und legen Sie dar, für welche Mitarbeiter das „non-territoriale Büro“ eine sinnvolle Alternative sein kann.

4. In der Heinrich KG hat die Digitalisierung den Arbeitsalltag verändert. Das Büro arbeitet vernetzt in der Cloud und kann in Echtzeit am Arbeitsplatz auf Dokumente zugreifen. Selbst Homeoffice stellt die Heinrich KG nicht mehr vor große Herausforderungen.

4.1 Erklären Sie, was man unter Homeoffice versteht.

4.2 Unterscheiden Sie drei Formen der Telearbeit.

-
-
-

4.3 Nennen Sie sechs Tätigkeiten, die sich besonders gut vom Homeoffice aus erledigen lassen.

-
-
-
-
-
-

4.4 Geben Sie vier Voraussetzungen an, die für Homeoffice erfüllt sein müssen.

-
-
-
-

4.5 Listen Sie in den folgenden Tabellen mögliche Chancen und Risiken eines sogenannten Homeoffice-Arbeitsplatzes für Erwerbstätige, Unternehmen und die Gesellschaft auf.

➤ Vorteile und Nachteile eines Homeoffice-Arbeitsplatzes für Erwerbstätige:

Vorteile	**Nachteile**

➤ Vorteile und Nachteile eines Homeoffice-Arbeitsplatzes für Unternehmen:

Vorteile	**Nachteile**

➤ Vorteile und Nachteile eines Homeoffice-Arbeitsplatzes für die Gesellschaft:

Vorteile	**Nachteile**

4.6 Erstellen Sie eine Checkliste mit 10 Angaben für den Arbeitnehmer, die beim Homeoffice zu beachten sind.

Nr.	Merkmale	✓
1		
2		
3		
4		
5		
6		
7		
8		
9		
10		

4.7 Die Rahmenbedingungen für ein Homeoffice können über eine Vereinbarung zwischen Arbeitgeber und Mitarbeiter abgesteckt werden. Erstellen Sie diese Vereinbarung mit individuellen Regelungen in Word.

Schulbuch
Kap. 5

7 Gespräche mit Geschäftspartnern erfolgreich führen

Situation:

Die Heinrich KG veranstaltet heute einen Tag der offenen Tür. Allen Besuchern bietet sich hier die Gelegenheit, in einem Sonderverkauf wertvolle Ausstellungsmöbel und Einzelstücke zu einem reduzierten Preis zu erwerben. Außerdem können an diesem Tag auch die Ausstellungs-, Produktions- und Verwaltungsräume besichtigt werden.

Ben Kaya, Auszubildender im Beruf Kaufmann für Büromanagement, ist mit den letzten Vorbereitungen in den Verkaufsräumen beschäftigt, in denen der Sonderverkauf stattfindet. Er hat die wichtige Aufgabe übernommen, Besucher in der Abteilung Arbeitstische und Bürostühle zu beraten. Das Interesse der Öffentlichkeit scheint groß zu sein. Es sind bereits eine Reihe von Besuchern erschienen, die sich die Ausstellungsware aufmerksam ansehen.

Eine Dame mittleren Alters interessiert sich offensichtlich für die neuesten Konferenztische, die sie genau untersucht. Ben überlegt, wie er das Gespräch mit der Dame beginnen soll.

Arbeitsaufträge:

1. Übernehmen Sie die Gesprächsrolle von Ben Kaya und formulieren Sie seinen Gesprächsanteil in dem folgenden Kundengespräch. Als Grundlage für die Sachinformationen dienen der Auszug aus der aktuellen Verkaufsbroschüre (Material 1) und der Auszug aus der Produktliste (Material 2).

Ben: [eröffnet das Gespräch mit einer Frage, um mit der Besucherin in Kontakt zu treten]

Besucherin: [steht vor dem Modell Basic G, siehe Auszug aus dem Produktionsprogramm]
„Ich suche einen Konferenztisch. Dieser hier kostet über 400,00 €! Das finde ich sehr teuer. Der Tisch ist doch sehr klein, nur 1,60 m breit!“

Ben: [antwortet auf den Einwand der Kundin mit einem Gegenargument; er erkundigt sich, welche Breite der Tisch haben sollte, den die Besucherin sucht]

Besucherin: *„So an die 3 m Breite sollten es schon sein! Und der Tisch sollte runde Stahlrohrfüße haben."*

Ben: [zeigt der Kundin das entsprechende Modell und nennt die wichtigsten Produkteigenschaften; er führt Argumente an, die der Kundin die Vorteile des Angebots deutlich machen sollen]

Besucherin: *„Vielen Dank. Ich muss mir das noch überlegen. Gelten die Sonderpreise nur heute?"*

Ben: [erläutert der Kundin die Preisstellung und die Lieferbedingungen]

Besucherin: *„Darüber muss ich noch einmal mit meinem Chef sprechen. Ich komme in einer halben Stunde noch einmal vorbei."*

Ben: [übergibt der Dame seine Visitenkarte und einen Flyer mit Produktinformationen über Konferenztische und verabschiedet die Besucherin]

Besucherin: *„Auf Wiedersehen."*

2. Es werden verschiedene **Arten von Fragen** unterschieden. Tragen Sie in der folgenden Tabelle je eine Formulierung für eine Beispielfrage ein, die in einem Gespräch mit Geschäftsbesuchern gestellt werden könnte.

Hinweis:

Sie können die Situation als Grundlage nehmen, die als Einleitung dargestellt wurde.

Fragetyp	Beispiel
Offene Frage	
Geschlossene Frage	
Alternativ-frage	
Suggestiv-frage	
Rhetorische Frage	

3. Ben eröffnet das Gespräch mit einer Frage an die Besucherin (vgl. Beispielgespräch). Erläutern Sie den **Fragetyp,** den Sie gewählt haben und begründen Sie Ihre Entscheidung.

4. In dem Beispielgespräch erhebt die Kundin einen **Einwand,** den Sie mit einem Argument entkräften sollten.

   4.1 Erläutern Sie, wie Sie auf diesen Einwand geantwortet haben.

4.2 Nennen Sie drei weitere Möglichkeiten, auf Einwände zu antworten und geben Sie dazu je ein Beispiel.

Möglichkeit, auf Einwände zu antworten	Beispiele

Material 1: Auszug aus der aktuellen Verkaufsbroschüre der Heinrich KG

Das Büromöbelprogramm der Heinrich KG gibt Antworten auf die wachsende Nachfrage nach flexiblen Arbeitsformen und einer optimalen Arbeitsumgebung. Innovatives Design und internationale Auszeichnung kennzeichnen unsere Produkte.

Heinrich KG
Büromöbel und Zubehör

Material 2: Auszug aus der Produktliste der Heinrich KG

Heute Aktionspreise: **Alle Listenpreise gelten abzüglich 10 % Sonderrabatt ab Werk, zuzüglich 19 % USt**

Logo A-1205111 A-1205112 A-1205113	Konferenztisch, Rahmen pulverbeschichtet; Spanplatte in Blau, Lichtgrau oder Grafit mit Melamin beschichtet	Standard: 180 x 90 Höhe: regulierbar von 68–76 Sondermaße auf Wunsch	Spanplatten	375,00 EUR
Basic G A-1201100	Konferenztisch aus Massivholz; versiegelt; erweiterbar zu Arbeitsinseln	Standard: 160 x 80 Höhe: regulierbar von 68–75 Sondermaße auf Wunsch	Buche, natur	480,00 EUR
Noris A-1202170	Konferenztisch aus Massivholz; geölt	Standard: 160 x 80 Höhe: regulierbar von 68–75 Sondermaße auf Wunsch	Ahorn, natur	600,00 EUR
Cockpit A-1252180	Konferenztisch mit Melamin beschichtet; Kabeldose mittig; Gestell 6 Füße, Stahlrohr, rund	Standard: 280 x 80 – 130 Höhe: regulierbar von 72–75 Dicke: 25	Spanplatte, mit Melamin beschichtet, Farben: Grau, Weiß, Ahorn, Buche	360,00 EUR
Tschuri A-1252185	Konferenztisch mit Melamin beschichtet; Kabeldose mittig; Holzuntergestell in Silber	Standard: 280 x 80 – 130 Höhe: 75 Dicke: 25 Sondermaße auf Wunsch	Spanplatte, mit Melamin beschichtet, Farben: Grau, Weiß, Ahorn, Buche	360,00 EUR
Solito A-1302170 A-1301170	Regalsystem aus Massivholz; drei eingebaute Schubladen; Sockelhöhenverstellung; geölt	90 x 30 Höhe: 200	Ahorn oder Buche, natur	1 101,00 EUR
Mixt A-1305121	Regal aus beschichteten Spanplatten; wahlweise in Blau, Lichtgrau oder Grafit	120 x 42 Höhe: 200	beschichtete Spanplatten	280,00 EUR

Schulbuch
Kap. 6

8 Im Team arbeiten

Situation:

Um den nächsten verkaufsoffenen Sonntag in ihrem unternehmenseigenen Verkaufsshop erfolgreich zu gestalten, möchte die Heinrich KG ihren Besuchern etwas Besonderes bieten. Die geplanten Aktionen müssen sehr gut vorbereitet werden. Die Auszubildenden und Mitarbeiter der Abteilung Verkauf bilden ein Team. Es soll dafür sorgen, dass dieser Sonntag für alle Beteiligten ein voller Erfolg wird. Möglichst viele Kunden sollen an das Unternehmen gebunden werden.

Heinrich KG
Büromöbel und Zubehör

Der Abteilungsleiter und Ausbilder Malte Olsen ist als Teamleiter für die Organisation verantwortlich. Er lädt alle Teammitglieder per E-Mail zu einer ersten Teamsitzung ein.

Arbeitsaufträge:

1. Formulieren Sie fünf Tagesordnungspunkte **(TOP)**, die Malte Olsen als Themen der ersten Teamsitzung in der E-Mail aufführen sollte.

   Vorüberlegungen: Welche Fragen und Vorschläge werden die Teammitglieder vermutlich äußern? Welche Themen können daraus für das Meeting entwickelt werden?

TOP 1 ______________________________

____

____

TOP 2 ______________________________

____

____

TOP 3 ______________________________

____

____

TOP 4 ______________________________

____

____

TOP 5 ______________________________

2. Zu einer erfolgreichen Teamarbeit gehören regelmäßige Besprechungen.

2.1 Erläutern Sie drei wichtige Aufgaben, die der Moderator (Sitzungsleiter) einer Teamsitzung erfüllt.

➤ ______________________________

➤ ______________________________

➤ ______________________________

2.2 Nennen Sie vier Verhaltensweisen, die einen guten Moderator kennzeichnen.

➤ ______________________________

➤ ______________________________

➤ ______________________________

➤ ______________________________

____

____

3. Geben Sie jeweils vier Vor- und Nachteile von Teamarbeit an, die Sie aus Ihrer Erfahrung kennen.

Vorteile von Teamarbeit	➤ ______ ______ ➤ ______ ______ ➤ ______ ______ ➤ ______ ______
Nachteile von Teamarbeit	➤ ______ ______ ➤ ______ ______ ➤ ______ ______ ➤ ______ ______

4. Im Rahmen der Teamarbeit kann es auch mal zu Konflikten kommen. Dann stellt sich die Frage, wie damit umgegangenen werden soll.

4.1 Nennen Sie drei mögliche Gründe für Konflikte.

-
-
-

4.2 Erläutern Sie, mit welchen Strategien Sie in der Rolle der Teamleitung Konflikte in der Teamarbeit lösen würden.

Schulbuch Kap. 1

1 Den Aufbau und die Struktur einer betrieblichen EDV-Anlage erschließen

Situation:

Heinrich KG
Büromöbel und Zubehör

Sonja Schneider, Auszubildende im 1. Ausbildungsjahr, ist seit nunmehr acht Wochen in der Einkaufsabteilung der Heinrich KG beschäftigt.

Soeben hat sie von der Sachbearbeiterin Özlem Önal den Auftrag erhalten, am Computer mit MS Word eine Reklamation an die Bernhard Müller OHG, Lieferant von Kunststoffen, zu erstellen. Das bei der Heinrich KG eingesetzte ERP-System soll die Textverarbeitung dazu zunächst mit Daten versorgen. Als Sonja Schneider auf das neue ERP-System zugreifen will, passiert es: Der Computer steigt aus und stürzt unkontrolliert ab. Mehrere Versuche von Sonja Schneider, sich erneut im Netzwerk der Heinrich KG anzumelden, schlagen fehl.

Eine Rückfrage bei Özlem Önal ergibt, dass auch diese keinen Zugriff auf das ERP-System hat. Frau Önal ruft deshalb umgehend den Netzwerkadministrator Gerd Gernke, der für die Stabilität und Sicherheit im Netzwerk zuständig ist, zur Reparatur in die Einkaufsabteilung.

Sonja Schneider führt dem Netzwerkadministrator zunächst den fehlerhaften Computer vor. Da sie ohnehin an der betrieblichen EDV-Anlage interessiert ist, nutzt sie die Gelegenheit, mit dem permanent nach Möglichkeiten zur Optimierung suchenden Administrator einige grundlegende Fragen zum Aufbau einer EDV-Anlage zu klären.

Arbeitsaufträge:

1. Erstellen Sie (z. B. im Tandem auf einer Wandzeitung) eine Mindmap zu den grundlegenden Bestandteilen einer betrieblichen EDV-Anlage (Hardware, Software, Netzwerke).

   Nutzen Sie dazu Ihr Schulbuch und das Internet. Bereiten Sie sich auf die Präsentation der Mindmap vor.

2. Unterscheiden Sie Branchensoftware und ERP-Systeme.

Branchen-software	
ERP-Systeme	

Schulbuch Kap. 2

2 Arbeitsabläufe planen (Zeitmanagement)

Situation:

Heinrich KG
Büromöbel und Zubehör

Konstantin Küper hat vor etwa sechs Monaten, direkt nach der erfolgreich absolvierten Berufsausbildung, bei der Heinrich KG eine auf zwei Jahre befristete Stelle als Angestellter in der Abteilung Verkauf angetreten. Wie gewohnt holt ihn sein Kollege Sinan Sol mit dem Auto zur Arbeit ab. Während der Fahrt überlegt sich Herr Küper, was er heute im Büro erledigen muss. Um nichts zu vergessen, gibt er alles in die kostenlose Notizblock-App seines Smartphones, das er als ständigen Begleiter mit sich trägt, ein:

- *Geschäftsvorgang Westmoor KG bearbeiten, E-Mail verfassen und mit Anlagen senden*
- *E-Mail der Bereichsleiterin Frau Oswald beantworten*
- *Antrag auf Genehmigung meiner Fortbildung stellen, begründen und Kosten ermitteln*
- *drei E-Mails von gestern bearbeiten und an Frau Erler weiterleiten*
- *Werbebriefe an ausgewählte Privatkunden verfassen*
- *bisher liegen gebliebene Schriftstücke sichten, sortieren und Ablage machen*

Zu den eingetragenen Verpflichtungen sind Herrn Küper folgende Fakten bekannt:

- *Herr Kirchhoff, Ansprechpartner bei der Westmoor KG, ist zurzeit in Urlaub*
- *die E-Mail der Bereichsleiterin Frau Oswald muss bis morgen beantwortet sein*
- *die Werbebriefe sollen in der nächsten Woche versendet werden*
- *der Antrag auf Genehmigung der Fortbildung muss heute gestellt werden*

Als Herr Küper seinen PC-Arbeitsplatz im Büro erreicht, ruft er zuerst in MS Outlook seine E-Mails ab und beginnt diese zu lesen. Einige E-Mails findet er so interessant, dass er sich sofort näher mit ihnen beschäftigt. Danach schaut er auf die im Auto erstellte To-do-Liste und beginnt damit, den Geschäftsvorgang Westmoor KG zu bearbeiten, der am Anfang seiner To-do-Liste steht. Wiederholt läutet dabei sein Telefon.

Abgelenkt nimmt Herr Küper die Telefonate entgegen und beantwortet die gestellten Nachfragen. Für manche Fragen muss er Schriftstücke aus der Ablage/Registratur nehmen und Fakten nachschlagen oder in MS Outlook im Posteingang bzw. -ausgang recherchieren. Zu einigen E-Mails benötigt er noch ergänzende Informationen, die er irgendwo auf seinem PC abgelegt hat. *„Oh je, es ist ja schon 12:15 Uhr und ich habe so gut wie nichts geschafft"*, bemerkt Herr Küper auf einmal. Er hält die gerade begonnene E-Mail an die Westmoor KG als Entwurf in MS Outlook fest und geht in die Mittagspause.

Als Herr Küper um ca. 13:00 Uhr aus der Kantine zurückkehrt, gönnt er sich einen Cappuccino, surft ein wenig im Internet und öffnet dann die als Entwurf in MS Outlook gespeicherte E-Mail an die Westmoor KG und schreibt weiter. Dabei liest er eingehende E-Mails, die auf seinem Desktop angezeigt werden und ihn sehr interessieren, sofort. Da Herr Küper eingehende E-Mails prinzipiell im Posteingang lässt, fällt sein Blick eher zufällig auf die E-Mail von Frau Oswald: *„Ach du meine Güte, die muss ich ja auch noch beantworten!"* Er bricht die Bearbeitung der E-Mail an die Westmoor KG ab und beschäftigt sich mit der E-Mail an Frau Oswald. Weil er dazu einige relevante hausinterne Informationen und Auskünfte benötigt, ruft er verschiedene Personen aus anderen Abteilungen an und sucht bereits abgelegte Schriftstücke aus Ordnern heraus. Schließlich ist er mit der Antwort fertig.

Die Büro-Uhr signalisiert 16:15 Uhr, Herr Küper hat in einer Viertelstunde Feierabend. Schnell schreibt er die E-Mail an die Westmoor KG fertig und versendet sie mit den Anlagen. Ein Blick auf die To-do-Liste im eigenen Smartphone zeigt, dass er bisher nur zwei Punkte der Liste abgearbeitet hat und er auf jeden Fall noch heute den Antrag auf die Genehmigung seiner Fortbildung stellen muss. *„Mist, vermutlich wieder eine Überstunde mehr und eine Besserung ist nicht in Sicht, da bereits morgen neue Verpflichtungen anstehen und ich noch nicht einmal die alten Aufgaben erledigt habe"*, denkt Herr Küper. Frust und ein schlechtes Gewissen melden sich – das Gefühl der Überforderung stellt sich bei ihm ein.

Arbeitsaufträge:

1. Nehmen Sie kritisch zum Zeit- und Selbstmanagement von Herrn Küper Stellung.
   Identifizieren Sie gemachte Fehler, Zeitdiebe und Zeitfallen mithilfe des eingesetzten Schulbuchs.

2. Nennen Sie die zwei maßgeblichen Kriterien, von denen sich die Priorität einer Aufgabe ableiten lässt.

1. Kriterium: ______________________ **2. Kriterium:** ______________________

3. Ordnen Sie die von Herrn Küper in seiner Notizbook-App angefertigte To-do-Liste, indem Sie eine Rangfolge festlegen, in der die Aufgaben idealerweise abgearbeitet werden sollten.

- ______________________________
- ______________________________
- ______________________________
- ______________________________
- ______________________________
- ______________________________

4. Unterbreiten Sie vier situationsbezogene Vorschläge zur Optimierung des Zeit- und Selbstmanagements von Herrn Küper.

Vorschlag 1	
Vorschlag 2	
Vorschlag 3	
Vorschlag 4	

5. Erläutern Sie den Stellenwert eines systematischen Zeitmanagements.

6. Die Arbeit, die auf Herrn Küpers Schreibtisch landet, nimmt täglich zu! Aber wie soll er die wachsenden Arbeitsberge bewältigen, wenn in Zukunft seine Überstunden in einem überschaubaren Rahmen gehalten oder gar vermieden werden sollen? In einer eintägigen Inhouse-Schulung „Zeitmanagement" lernt er, die bewährten Zeitmanagement-Methoden effektiv einzusetzen. Denn wer gut organisiert ist, spart Energie für die täglichen Aufgaben.

6.1 Informieren Sie sich in Ihrem Schulbuch über die Methoden des Zeitmanagements. Planen Sie Ihren nächsten Arbeitstag mit der ALPEN-Methode.

6.2 Geben Sie Vor- und Nachteile der Alpen-Methode an.

Vorteile

➤
➤
➤
➤
➤

Nachteile

➤
➤
➤
➤
➤

6.3 Für die Anwendung der Eisenhower-Methode stellt Herr Küpers sich für jede Aufgabe die folgenden Fragen:

- Ist die Aufgabe wichtig für das Unternehmen?
- Ist die Aufgabe wichtig und dringend, also sofort zu erledigen?
- Kann die Aufgabe delegiert werden?
- Kann die Aufgabe im Papierkorb landen?

Ordnen Sie die unten stehenden Aufgaben, die Herr Küpers zu bearbeiten hat, nach Wichtigkeit und Dringlichkeit den Kategorien des Eisenhower-Prinzips zu! Begründen Sie Ihre Entscheidung.

Der Büroausstatter Winter OHG, München, beanstandet, dass die für gestern zugesagte Lieferung der drei Schreibtische „Denver" nicht eingetroffen ist.

☐-Aufgabe

Begründung:

____

____

____

____

Weyermann & Söhne KG bittet um ein Angebot über fünf Bürostühle „Smile". Die Abgabefrist ist in einer Woche.

☐-Aufgabe

Begründung:

____

____

____

____

Die Regale im Showroom müssen mit den Prospekten der Handelswaren aufgefüllt werden.

☐-Aufgabe

Begründung:

____

____

____

____

Die Produktion der Konferenztische ist wegen eines Defektes der Flächenschleifmaschine unterbrochen. Weil der Monteur die Ersatzteile erst in drei Tagen einbauen kann, verzögert sich die Auslieferung der Ware an den Kunden Weyermann & Söhne KG um eine Woche.

☐-Aufgabe

Begründung:

____

____

____

In der Eingangspost liegt ein Essensangebot eines Caterers. Expliziert wird auf die Vielfältigkeit erprobter Lösungen für die Betriebsverpflegung hingewiesen. Die Heinrich KG hat vor geraumer Zeit das Kantinenessen auf eine gesunde und leichte Kost umgestellt. Die Mitarbeiter sind begeistert von dem ausgewogenen Ernährungsangebot.

☐-Aufgabe

Begründung:

____

____

____

6.4 Geben Sie Vor- und Nachteile der Eisenhower-Methode an.

Vorteile

- ______________________________
- ______________________________
- ______________________________
- ______________________________
- ______________________________

Nachteile

- ______________________________
- ______________________________
- ______________________________
- ______________________________
- ______________________________

3 Termine planen

Situation:

In der Heinrich KG ist die Terminverwaltung ein wichtiges Management-Element. Um eine lücken- und vor allem pannenlose Terminplanung zu garantieren, ist eine gute Abstimmung erforderlich. Folgende W-Fragen helfen bei der Terminkoordinierung:

Heinrich KG
Büromöbel und Zubehör

wer mit wem	wann	wo	weshalb	wie lange

zusammenkommen soll.

Bei festen Terminverpflichtungen ist zu berücksichtigen:

was	wann	wohin	weshalb	wodurch/womit

erfolgen soll.

Die Anlässe und Aktivitäten der Treffen werden in drei Prioritätsstufen unterteilt:

- A-Aufgaben sind erstrangig und damit wichtig.
  Für diese Termine sollte die meiste Zeit eingeplant werden.
- B-Aufgaben sind zweitrangig.
  Sie können delegiert oder auf einen anderen Termin verschoben werden.
- C-Aufgaben sind Routineaufgaben.
  Sie sind für die Erreichung von Zielen unwesentlich.

Im Rahmen ihrer Ausbildung soll Rita Roth die Kompetenz erwerben, Termine zu planen, festzulegen, vorzubereiten und zu kontrollieren. Weil nicht jedes Gespräch zeitlich genau geplant werden kann, sind Terminüberschneidungen durch genügend „Pufferzeiten" zu vermeiden. Insbesondere soll Rita Roth dabei berücksichtigen, dass nicht jedes Gespräch zeitlich genau geplant werden kann und der Besprechungsraum zum Erfolg des Gesprächs beiträgt.

Arbeitsaufträge:

1. Ein Termin ist ein für alle Teile verbindlich festgesetzter Zeitpunkt, der durch ein Datum und eine Uhrzeit bezeichnet wird. Im Berufsalltag wird zwischen festen und variablen Terminen unterschieden. Ein variabler Termin wird nach Vereinbarung zum festen Termin. Ergänzen Sie die folgenden Tabellen, indem Sie jeweils drei Angaben machen.

Feste Termine	➤ ______	➤ ______	➤ ______

Variable Termine	➤ ______	➤ ______	➤ ______
	______	______	______
	______	______	______
	______	______	______
	______	______	______

2. Für Meetings-, Präsentations- und Seminartermine verfügt die Heinrich KG über vier Besprechungsräume, die mit komfortablen Systemtischen und modernster Konferenz- und Präsentationstechnik ausgestattet sind.

   Um die Termine der Beteiligten in dem jeweils anlassgerechten Raum festzulegen, erstellen Sie zunächst in MS Word in Arial 11 eine Übersicht über die Ausstattung der einzelnen Veranstaltungsräume in Tabellenform in Querformat (Befehlsfolge: Layout, Ausrichtung, Querformat). Nutzen Sie dazu die folgenden Informationen:

Für eine **Tabelle** charakteristisch sind die horizontal laufenden Zeilen – von links nach rechts – und die vertikal laufenden Spalten – von oben nach unten. Die Zellen werden automatisch durch Tabellenrasterlinien oder einen Rahmen kenntlich gemacht.

Spalte ↓

Zeile →

		Zelle

Tabelle einrichten!

Befehlsfolge: *Einfügen, Tabelle, Spaltenanzahl 4, Zeilenanzahl 6*

Mithilfe der **TAB-Taste** springen Sie von Zelle zu Zelle. In der letzten Zelle der Tabelle erscheint nach Betätigung der **TAB-Taste** eine neue Zeile.

Equipment	Besprechungsraum	Seminarraum	
Visuelle Medien	Magnettafel	Smartboard, Magnettafel	
Zubehör	Moderationsmaterial	Zubehörset	
Audiovisuelle Medien	DVD-Player	Camcorder Beamer	
Konferenztechnik	2 Laptops, 1 Farbdrucker und Medienwagen	12 PCs, 1 Laserdrucker, Lautsprecheranlage	
Anschlüsse	WLAN-Zugang	Lichtsteuerungstechnik, WLAN-Zugang	

Neben der Spalte mit der Angabe „Besprechungsraum" soll rechts eine Spalte mit der Angabe **Teambüro** eingefügt werden. Dazu setzen Sie den Cursor in die Spalte mit dem Leitwort „Besprechungsraum". In der Menüleiste wird „Tabellentools" angezeigt. Über die Registerkarte „Layout" können Sie Spalten und Zeilen einfügen.

Ergänzen Sie die Tabelle!

Teambüro
Flipchart
Zubehörset
Beamer
4 Notebooks, 1 Drucker, Software-Recording
WLAN-Zugang

Fügen Sie eine weitere Spalte links vor der Spalte „Seminarraum" ein!

Erweitern Sie die Tabelle durch die Spalte **„Konferenzraum"!**

Konferenzraum
Whiteboard und Flipchart
Moderationsmaterial
Videobeamer
3 Laptops, 1 Laserdrucker, Diskussionsanlage
Lichtsteuerungstechnik, WLAN-Zugang

Löschen Sie die nicht benötigte Spalte über die Registerkarte Layout!

Ergänzen Sie die Tabelle um eine weitere Zeile!

Equipment: Bestuhlung
Besprechungsraum: Runder Tisch
Teambüro: Blockform
Konferenzraum: U-Form
Seminarraum: Parlament

Gestalten Sie die Tabelle ansprechend!

Setzen Sie den Cursor in die erste Zelle „Equipment", fügen Sie eine neue Zeile oberhalb der Tabelle ein. Geben Sie in der Zelle oberhalb des Leitwortes „Besprechungsraum" „Veranstaltungsräume" ein!

Markieren Sie die gesamte Tabelle, geben Sie eine Zellenhöhe von 1 cm und eine Spaltenbreite von 5 cm ein!

Markieren Sie die ersten beiden Zellen der ersten Spalte. Verbinden Sie die Zellen miteinander. Verbinden Sie nun die ersten Zellen der Spalten 2 bis 5!

Die Überschrift „Veranstaltungsräume" und die Leitwörter der Spalten 2 bis 5 sind vertikal und horizontal in der Zelle zu zentrieren, die anderen Zellen sind vertikal zu zentrieren und an der linken Seite der Zelle auszurichten.

Formatieren Sie die waagerechten und senkrechten Leitwörter fett sowie mit einer dezenten Schattierung!

Sollten nur die Rasterlinien angezeigt werden, sind die Außen- und Innenlinien der Tabelle zu rahmen.

Speichern Sie die Tabelle unter „Veranstaltungsräume"!

3. Zum 1. August 20.. will die Heinrich KG drei Auszubildende für das Berufsfeld Kaufmann/Kauffrau für Büromanagement einstellen. Aus diesem Grund wurde in der regionalen Zeitung eine Stellenanzeige geschaltet, auf die sich zahlreiche Bewerber gemeldet haben. Frau Franziska Ohlsen, die im Unternehmen für die Personalentwicklung und Ausbildung zuständig ist, hat bereits die Bewerbungsunterlagen geprüft und eine Personalvorauswahl getroffen.

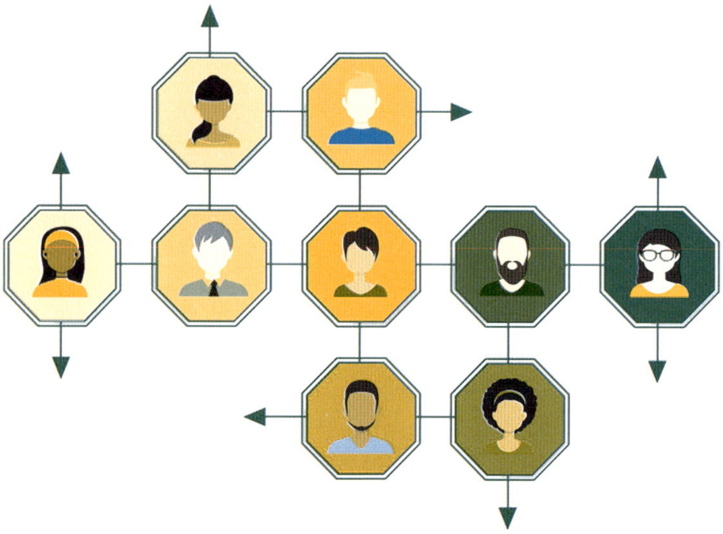

Die infrage kommenden Bewerber

- Serdar Daban
- Lars Maus
- Pascal Rüter
- Julius Krenz
- Sabrina Niehaus
- Hendrik Seefeld

sollen am 12. Februar 20.. zu einem Vorstellungsgespräch und Eignungstest eingeladen werden.

Die Gespräche (Dauer 1 Stunde) werden von Frau Ohlsen (Besprechungsraum) und Frau Gehrke (Teambüro) geführt, sodass zeitliche Überschneidungen bei gleichzeitigen Gesprächen möglich sind. Unmittelbar danach soll jeder Bewerber einzeln einem Einstellungstest (Dauer 30 Minuten) unterzogen werden. Herr Wende führt hierbei in Raum 203 die Aufsicht. Das Auswahlverfahren soll in der Zeit von 09:00 Uhr (erster Bewerber) bis 13:00 Uhr (Ende letzter Test) stattfinden.

Rita Roth koordiniert die Belegung des Besprechungsraumes sowie des Teambüros. Erstellen Sie einen Terminplan mit einer übersichtlichen Einteilung in Tabellenform, damit den Bewerbern in der Einladung zum Vorstellungsgespräch die Uhrzeit und der Raum mitgeteilt werden kann. Dabei ist zu berücksichtigen:

- genauer zeitlicher Ablauf von 09:00 Uhr bis 13:00 Uhr
- die von den eingesetzten Mitarbeitern gerade durchzuführenden Tätigkeiten
- Beginn/Ende des Gesprächs und des Tests für jeden einzelnen Bewerber

Für die Bewerber sollen bei Einhaltung der Zeitplanung keine Wartezeiten zwischen Gespräch und Test entstehen.

Speichern Sie die Tabelle unter **„Auswahl“**.

Lassen Sie die Tabelle ausdrucken.

4. Aus einem Protokoll übernimmt Rita Roth für die 17. Kalenderwoche die angemeldeten Termine für das „Teambüro“:

- Jeden Mittwoch von 08:00 Uhr bis 10:00 Uhr; Dienstbesprechung Öffentlichkeitsarbeit, Frau Marx
- Projektgruppe „Green Office“ am Donnerstag von 10:30 Uhr bis 14:30 Uhr, Herr Walter, Gruppenleiter Verkauf
- Abteilungsleiter Fertigung, Herr Obert, Arbeitsgruppe neue Arbeitsorganisation, Mittwoch, 10:30 Uhr bis 12:00 Uhr
- Montag, 12:30 Uhr bis 14:30 Uhr, Frau Schulze, Gruppenleiterin Auftragsbearbeitung
- Arbeitsgruppe Qualitätsentwicklung (QE), Herr Helbig, Bereichsleiter Technischer Bereich, Dienstag, 09:00 Uhr bis 15:30 Uhr
- Alle Auszubildenden der kaufmännischen Berufe mit Frau Ohlsen, Ausbilderin, Montag, 08:00 Uhr bis 11:00 Uhr
- Betriebsratssitzung, Herr Tietgen, Freitag, 09:00 Uhr bis 12:00 Uhr

Die Arbeitsgruppe Corporate Identity möchte das Teambüro für einen Termin von ca. zwei Stunden belegen, Ende spätestens um 17:00 Uhr, nicht Freitag.

Erstellen Sie einen übersichtlichen Raumbelegungsplan in MS Word und teilen Sie der Arbeitsgruppe die Terminvorschläge mit.

Terminvorschläge für die Arbeitsgruppe Corporate Identity
➤ ______________________________
➤ ______________________________
➤ ______________________________
➤ ______________________________

5. Die Heinrich KG veranstaltet am Freitag, 20. März 20.. von 09:00 Uhr bis 18:00 Uhr eine Hausmesse im Showroom in Hamburg. Unter dem Motto „Office Life" werden den Kunden die aktuellen Trends der Büro- und Besprechungsräume vorgestellt. Die Produktpalette umfasst Empfangs- und Konferenzmöbel sowie Teamarbeitsplätze.

5.1 Erstellen Sie einen Terminplan für den Einsatz der Mitarbeiter in Tabellenform (Querformat), aus dem ersichtlich ist, welche Mitarbeiter und Mitarbeiterinnen von 09:00 bis 12:00 Uhr, von 12:00 bis 15:00 Uhr und von 15:00 bis 18:00 Uhr an den drei Messeständen „Empfangsmöbel", „Konferenzmöbel" und „Teamarbeitsplätze" eingesetzt sind. Um einen reibungslosen Ablauf des Events zu gewähren, sind immer zwei Personen je Messestand einzuteilen.

Geben Sie in die Kopfzeile Ihren Vor- und Zunamen ein.

Folgende Angaben sind zu berücksichtigen:

- Herr Walter hat ab 13:00 Uhr privat einen Termin wahrzunehmen.
- Frau Schulze ist eine Halbtagskraft, die nur vormittags arbeitet.
- Herr Bremer hat um 17:00 Uhr einen Termin. Er ist für sechs Stunden einzuteilen.
- Frau Heinrich steht den Kunden den ganzen Tag beratend zur Verfügung.
- Herr Dräger hat morgens einen Zahnarzttermin, ab mittags ist er einsetzbar.
- Die Auszubildende Ute Ulrich, die nach ihrer Abschlussprüfung im Juni einen einjährigen Arbeitsvertrag als Sachbearbeiterin im Verkauf erhält, hat bis 14:00 Uhr Berufsschulunterricht. Anschließend ist sie einzuplanen.
- Frau Burg, Betriebsratsvorsitzende, hat vormittags einen Besprechungstermin mit der Personalleiterin. Ab 12 Uhr kann sie eingesetzt werden.
- Frau Oswald steht den Kunden den ganzen Tag zur Verfügung.
- Herr Helbig, technischer Leiter, steht den ganzen Tag für Sonderanfertigungen zur Verfügung.

5.2 Nehmen Sie folgende Formatierungen vor:

- Die Zeilen der Tabelle sollen mit einer Höhe von 0,7 cm eingerichtet werden.
- Die Leitwörter sind fett, in Arial 12 und grau (15 %) schattiert, vertikal zentriert zu formatieren.
- Die restlichen Zeilen sind in Arial 11, vertikal zentriert zu formatieren.
- Verbinden Sie Zellen, wenn Sie Teilüberschriften hinzugefügt haben, zentrieren Sie diese sowie die gesamte Tabelle.

5.3 Speichern Sie die Tabelle unter **Hausmesse.**

5.4 Lassen Sie die Tabelle ausdrucken.

Schulbuch
Kap. 4

4 Eine Kundenanfrage bearbeiten und ein normgerechtes Angebot verfassen

Situation:

Heinrich KG
Büromöbel und Zubehör

Der Auszubildende Leon Laus wechselt heute in die Verkaufsabteilung der Heinrich KG. In den nächsten vier Monaten seiner Ausbildung wird er von Frau Julia Schulze, Gruppenleiterin im Verkauf, betreut. Julia Schulze übernimmt diese Aufgabe gern, denn es macht ihr Spaß, Auszubildende in komplexe Arbeitsabläufe einzuführen. Für Leon hat Frau Schulze eine aktuelle Anfrage der Westmoor KG (Material 1) zurückbehalten, die zu den besseren Stammkunden der Heinrich KG gehört:

Möbelhaus
WESTMOOR KG

Ihr Zeichen:	
Unser Zeichen:	hel
Name:	Hella Hellebusch
Telefon:	05236 9811-0
Telefax:	05236 9811-13
E-Mail:	info@westmoor-blomberg.de
Datum:	20..-..-..

Westmoor KG · Deichhausweg 28 · 32825 Blomberg
Heinrich KG
Rahlstedter Str. 144
22143 Hamburg

Anfrage

Sehr geehrte Damen und Herren,

das Thema Datenschutz spielt bei unseren Kunden eine immer größere Rolle. Unterlagen, die nicht länger aufbewahrt werden sollen, aber vertrauliche und sensible Daten enthalten, müssen zuverlässig vernichtet werden. Vor diesem Hintergrund erreichen uns in der letzten Zeit verstärkt Anfragen nach Aktenvernichtern.

Wir haben uns daher entschlossen, dieses Produkt in unser Sortiment aufzunehmen. Dabei interessieren uns vor allem Aktenvernichter, die nicht nur Papier, sondern auch andere Materialien zerkleinern können.

Senden Sie uns bitte kurzfristig ein Angebot über bei Ihnen erhältliche Aktenvernichter zu.

Mit freundlichen Grüßen

Westmoor KG

i. A. Hella Hellebusch

Hella Hellebusch

Westmoor KG
Geschäftsführung: Thomas Möhring
Amtsgericht Blomberg: R 2302
St-Nr.: 31/418/0067
USt-ID Nummer: DE 789344268

Bankverbindungen:
Sparkasse Blomberg
IBAN: DE97 4765 1225 2310 2789 06
BIC: WELADED1BLO

Postbank Hannover
IBAN: DE96 2501 0030 0114 2126 68
BIC: PBNKDEFFXXX

Leon bekommt den Auftrag, sich ausführlich mit dem Sortiment und der Preis- und Konditionenpolitik der Heinrich KG vertraut zu machen und die oben stehende Anfrage zu beantworten.

Arbeitsaufträge:

1. Beschreiben Sie mithilfe des Auszugs aus der Handelswarenliste (siehe Material 1) und der Rabattstaffel der Heinrich KG (siehe Material 2) die folgenden Artikel näher.

   ➤ Eco B-2009154

   ➤ Profi B-2001140

   ➤ Intimus B-2001141

Material 1: Handelswaren – Warenliste, -beschreibung; LVP (Auszug)

Ware	Warenbeschreibung	Maße in cm	LVP, netto
Eco B-2009154 B-2009151 B-2009155	Aktenvernichter aus gefärbtem Kunststoff. ➤ Schnittleistung DIN A4 70 g/m²: 10 Blatt; 1 CD oder 1 Kreditkarte ➤ Auffangvolumen 12 Liter; Streifenschnitt ➤ Farben: wahlweise in rot, blau oder grau	Breite: 19,4 Tiefe: 33,2 Höhe: 31,3	89,00 €
Profi B-2001140	Aktenvernichter mit Holzunterschrank aus lasierter Buche. ➤ Lichtschranke für automatische Start-Stopp-Funktion ➤ Auffangvolumen 38 Liter; Partikelschnitt: 3,8 x 36 mm ➤ Schneidewalzen unempfindlich gegen Büro- und Heftklammern ➤ Schnittleistung DIN A4 70 g/m²: 15 Blatt	Breite: 41,5 Tiefe: 31,2 Höhe: 58,5	699,00 €
Intimus B-2001141	Besonders leiser Aktenvernichter aus lasierter Buche mit Vollstahl- Schneidwellen aus Spezialstahl – unempfindlich gegenüber Büro- und Heftklammern, CDs, DVDs, Kreditkarten, Mikrofilme, Overheadfolien, Karton und Papier. ➤ Start-/Stop-Funktion über Lichtschranke ➤ Leuchtanzeige für Betriebsbereitschaft, Papierstau, Korb voll ➤ Schneidleistung: gleichzeitig 20 Blatt DIN A4 (70 g/m²) ➤ Auffangvolumen 65 Liter; Partikelschnitt: 0,8 x 15 mm	Breite: 49 Tiefe: 38 Höhe: 83	975,00 €

Material 2: Rabattstaffeln der Heinrich KG

... für selbst produzierte Artikel:

Stufe	Bestellwert ab	Rabatt
11	3.000,00 €	7,00 %
12	5.000,00 €	10,00 %
13	10.000,00 €	13,00 %
14	25.000,00 €	17,00 %
15	50.000,00 €	22,00 %
16	100.000,00 €	28,00 %

... für Handelswaren:

Stufe	Bestellwert ab	Rabatt
21	1.500,00 €	4,00 %
22	3.000,00 €	7,00 %
23	6.000,00 €	9,50 %
24	10.000,00 €	12,00 %
25	15.000,00 €	14,50 %
26	25.000,00 €	17,00 %
27	50.000,00 €	22,00 %
28	100.000,00 €	28,00 %

2. Unser langjähriger Kunde „Junges Wohnen GmbH" hat soeben telefonisch 50 Stück des Artikels „Verdan A-1507155" bestellt. Berechnen Sie unter Berücksichtigung des folgenden Auszugs aus dem Produktprogramm den zu gewährenden Rabatt in Prozent und Euro.

Produkt Art.-Nr.	Produktbeschreibung	Maße in cm	Material	LVP, netto
Verdan A-1507155	Bürostuhl mit Ring-Armlehnen; Bandscheibensitz; verstellbare Rückenlehne mit Formschaumpolsterung, grau gefärbt	Breite: 48 Höhe: 45–60 Tiefe: 46 Lehne: 83	Textilleder	78,00 €

3. Leon Laus soll nun mithilfe des Textverarbeitungsprogramms MS Word das erbetene Angebot an die Westmoor KG erstellen!

3.1 Erarbeiten Sie sich zunächst die Grundlagen der DIN 5008. Orientieren Sie sich am normgerechten Musterbeispiel (Material 3) sowie an der Checkliste „Angebotserstellung“ (Material 4). Konzipieren Sie dann stichwortartig das Angebot an die Westmoor KG.

Konzeption des Angebots:

3.2 Erstellen Sie unter Berücksichtigung der DIN 5008 mithilfe von MS Word das erbetene Angebot an die Westmoor KG.

Material 3: Auszug aus dem Lexikon für Büromangement

Beispiel für ein Angebot im Normbriefformat

Feld für **Briefkopf, Form A**
Firmennamen, Geschäftszweig, Firmenzeichen und gegebenenfalls Werbetext können hier frei gestaltet und eingedruckt werden.

DER NORMBRIEF (A4; 210 x 297 mm; Form A)

•
•
•
•

Feld für Postanschrift des Absenders
Klussmann & Söhne KG
Frau Cornelia Cordes
Postfach 83 14 65
65915 Frankfurt

Ihr Zeichen:
Ihre Nachricht vom:
Unser Zeichen: fli
Unsere Nachricht vom:

Name: Frauke Flinke
Telefon: 0221 173-245
Telefax:
E-Mail:

Datum: 28.10.20..

Faltmarke 1

Angebot über Hard- und Software
•
•
Sehr geehrte Frau Cordes,
•
heute informieren wir Sie über unsere aktuellen Hard- und Softwareprodukte.
•
In unser Hardwareangebot haben wir eine Reihe neue leistungsfähige Arbeitsplatzcomputer aufgenommen. Der beigefügte Prospekt gibt Ihnen einen Überblick über unsere neuen Computer.
•
Lochmarke

Richten Sie Ihre Aufmerksamkeit aber auch auf unsere Softwarepalette. Speziell die Software
•
MARKETING PLANER
•
zur Steuerung von Marketingaktionen und Kommunikationskampagnen empfehlen wir Ihnen. Durch die praktische Bedienoberfläche können alle Kontextinformationen zur Kampagne per Mausklick eingesehen werden. Die Planungs- und Reaktionszeiten bei der Kommunikationsplanung werden durch die zentrale und ganzheitliche Datenhaltung erheblich verkürzt. Das beigefügte Faltblatt informiert Sie weiter über die Software.

Faltmarke 2

•
Wir führen Ihnen unsere neuen Computer und Programmversionen gern einmal vor. Vereinbaren Sie doch mit uns einen Termin.
•
Mit freundlichen Grüßen
•
Bürosysteme
Schleicher & Co. OHG
•
i.V. *Frauke Flinke*
•
Frauke Flinke

Anlagen
1 Prospekt
1 Faltblatt

Verteiler
Herrn Schwarz
Vertrieb Frankfurt

Gesellschaftsrechtliche Angaben: Firmenname und Rechtsform, Sitz der Gesellschaft
Telefon, Telefax, E-Mail, Internet (sofern nicht im Infoblock), Bankverbindungen, USt-IdNr.
Vorstandsmitglieder bzw. Geschäftsführer(innen), Vorsitzende(r) des Aufsichtsrats
Eingetragen beim Amtsgericht Ort, HRA- bzw. HRB-Nummer

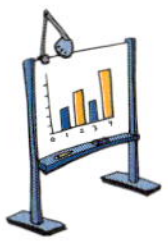

Material 4: Checkliste „Angebotserstellung“

Allgemeine Angebotsbestandteile	Beispiele zur Textformulierung
Einleitungssätze für unverlangte Angebote (Werbebriefe)	Unter dem Motto „Büropapier – die Visitenkarte des Unternehmens“ bieten wir Ihnen vom ... bis zum ... Designpapier in verschiedenen Farben an. Am ... feiern wir das 25. Firmenjubiläum. Darum erhalten Sie beachtliche Konditionen: ...
Einleitungssätze für verlangte Angebote ➤ Dank für die Anfrage ➤ Name, Art und Beschaffenheit des Produktes ➤ Mengen	Vielen Dank für das Interesse an den Produkten. Gerne bieten wir Ihnen an: ... Wir danken Ihnen für Ihr Interesse an unseren Artikeln. Sie erhalten das gewünschte Angebot. Danke für Ihre Anfrage. Gerne bieten wir Ihnen auf der Grundlage unserer AGB an: ...
Warenbeschreibung	Der hier angebotene Schreibtisch „Denver“ besteht aus Buche und hat eine versiegelte Oberfläche. Zusätzliche Details entnehmen Sie bitte unserem beigefügten Katalog ...
Einschränkung des Angebots	Das Angebot ist gültig bis 15. August 20.. Solange der Vorrat reicht! Die Preise sind freibleibend!
Alternativangebot	Die beiden Artikel ... und ... sind derzeit nicht lieferbar. Als Alternative bieten wir Ihnen ... an.
Preis, „A“ und „O“ des Angebots ➤ Verpackung ➤ Transportkosten ➤ Nachlässe ➤ Rabatte	In unserem Angebot sind die Verpackungs- und Transportkosten enthalten. Bei Bestellungen ab 50.000,00 € erhalten Sie einen Mengenrabatt von 22 %. Nur in dieser Woche: 30 % Jubiläumsrabatt!
Zahlungsbedingungen	14 Tage ab Rechnungserhalt ohne Skontoabzug! Zahlung sofort! Bei einer Zahlung innerhalb von 10 Tagen ab Rechnungsdatum gewähren wir 2,5 % Skonto. Zahlungsziel: 30 Tage netto, 14 Tage 3 % Skonto
Zeitpunkt der Lieferung	Die gewünschten ... sind bis zum ... lieferbar! Wenn Sie bis spätestens um 12:00 Uhr bestellen, erhalten Sie die ... bereits am folgenden Tag! Lieferung 10 Werktage nach Auftragseingang!
Lieferungsbedingungen	Porto und Verpackungsspesen werden pauschal verrechnet. Bestellungen über 2.000,00 € liefern wir „frei Haus“! Abhängig vom jeweiligen Umfang oder Gewicht der Bestellung liefern wir entweder per Paketdienst oder per Spedition.
Schlusssatz	Sie können sicher sein, dass wir Ihren Auftrag pünktlich ausführen! Wir freuen uns auf Ihren Auftrag!
Anlagen	Als Anlage erhalten Sie den neuen Katalog und die gültige Preisliste. Ein aktueller Prospekt liegt diesem Angebot bei!

Schulbuch
Kap. 4

5 Briefe DIN-gerecht gestalten

Situation:

Jeder Brief ist die Visitenkarte eines Unternehmens. Deshalb ist auf ein einheitliches Erscheinungsbild der gesamten schriftlichen Korrespondenz zu achten. Dazu gehören nicht nur die Vordrucke für die Geschäftsbriefe, sondern auch der Aufbau der Briefe, Faxe und E-Mails nach einheitlichen Schreib- und Gestaltungsregeln, die das Deutsche Institut für Normung e. V. (DIN) vorgibt.

Heinrich KG
Büromöbel und Zubehör

Frau Gerda Heinrich, Geschäftsführerin der Heinrich KG, meint, dass dies am einfachsten gelingt, wenn sich alle Mitarbeiter an die DIN 5008 halten. Deshalb sollen zunächst alle Mitarbeiter, einschließlich der Auszubildenden, durch eine interne Schulung auf den aktuellen Stand gebracht werden.

Arbeitsaufträge:

1. Nennen Sie die Bestandteile eines normgerechten Briefvordrucks.

➤

➤

➤

➤

➤

➤

2. Papierformate unterliegen der genormten Formatreihe der DIN 476. Das Ausgangsformat der A-Reihe bildet ein 1 qm großes Rechteck mit dem Seitenverhältnis 1 zu Wurzel 2. Jedes nächstkleinere Format ergibt sich nun durch Halbierung der längeren Seite. Die Zahl der Formatangabe gibt dabei an, wie oft der Ausgangsbogen halbiert werden muss, um ein bestimmtes Format zu erhalten.

2.1 Geben Sie Anwendungen der Formatgrößen an.

Papierformat	Anwendungen
A0	
A1	
A2	
A3	
A4	
A5	
A6	

2.2 Aus der DIN-Reihe A sind die DIN-Reihen B und C abgeleitet, die für Briefumschläge und Versandtaschen relevant sind. Ergänzen Sie die unten stehende Tabelle.

B-Formate		C-Formate	
B0	1.000 mm x 1.414 mm	C0	917 mm x 1.297 mm
B1		C1	
B2		C2	
B3		C3	
B4		C4	
B5		C5	
B6		C6	

3. Alle Briefhüllen sind mit Sichtfenster (Angabe durch S hinter der Formatgröße) erhältlich. Nennen Sie zwei Vorteile der Fensterbriefhüllen.

➤ ______________________________

____

➤ ______________________________

____

Fortsetzung der Situation: Anschriften gestalten

Nachdem die Formate für Papier, Briefhüllen und Versandtaschen nach DIN 476 und die Variationen der Vordrucke für Geschäftsbriefe bekannt sind, sollen die Mitarbeiter der Heinrich KG heute die Schreibweisen der Personen-, Firmen- und Auslandsanschriften kennen lernen.

Heinrich KG
Büromöbel und Zubehör

4. Nachdem Sie sich intensiv mit der normgerechten Schreibweise der Anschriften befasst haben, sollen Sie zunächst die Kundenadressen und anschließend die Anschriften der Mitarbeiter aktualisieren.

- Öffnen Sie die Datei **„Anschriften“**.[1]
- Erfassen Sie die unten stehenden Firmenanschriften normgerecht.

01. AG Innovation, Dresden 01127, Leipziger Straße 120
02. Postfach 2 85, 20083 Hamburg, Gertrud Brand KG
03. 10437 Berlin, Möblix GmbH, Im- und Export, Schönhauser Allee 187
04. Herrn Koch, Warensendung, Deichhausweg 28, Möbelhaus, 32825 Blomberg, Westmoor KG
05. Brandes GmbH & Co. KG, Einschreiben – Rückschein, Buchhaltung, 04229 Leipzig, Falkenstraße 5
06. Productos variados Delcampo S. A., 328 Av. Meridiana, 08016 Barcelona, Spanien
07. Falkenseestraße 15 – 17, Frau Katja Schneider, Weyermann & Söhne KG, 73252 Lenningen
08. Schreiben Sie die Anschrift 07 als Privatanschrift.

- Geben Sie in der Fußzeile Ihren eigenen Namen ein.
- Speichern Sie die Anschriften unter **„Firmenanschriften“**.
- Lassen Sie die Übungen ausdrucken.

5. Erfassen Sie die unten stehenden Personenanschriften normgerecht.

- Öffnen Sie die Datei **„Anschriften“** erneut.[1]
- Erfassen Sie die unten stehenden Firmenanschriften normgerecht.

01. Dipl.-Ing. Markus Helbig, Herrn, 21035 Hamburg, Lundtweg 5 A
02. 23558 Lübeck, Gehrke Frau Kornelia B. A., Kreuzweg 20 // W 4
03. bei Müller, Leon Laus, Grenzstr. 4 // 3. Stock, 21337 Lüneburg, Herrn
04. Eheleute Miriam und Björn Walter, 21684 Stade, Erich-Kästner-Weg 8, Warensendung
05. Einschreiben – Einwurf, Frau Laura Grotemeier, Herrn Max Dräger, Auenweg 30, 22848 Norderstedt
06. Frau Dr. Brunhilde Braun, Rechtsanwältin, Inselstr. 20, Einschreiben, Persönlich/Vertraulich, 22297 Hamburg
07. Schäferstr. 62 – 64, Michael Vogt, Herrn 20357 Hamburg, Steuerberater
08. Schreiben Sie die Anschrift 07 in einer anderen normgerechten Schreibweise.

- Speichern Sie die Anschriften unter **„Personenanschriften“**.
- Geben Sie in der Fußzeile Ihren eigenen Namen ein.
- Lassen Sie die Übungen ausdrucken.

1 Geeignete Dokumentvorlagen finden Sie auf der Internetseite des Merkur Verlages – www.merkur-verlag.de – mithilfe der Schnellsuche (Eingabe „1828“) in der Mediathek (->„Download“).

Fortsetzung der Situation: Informationsblock und Betreff gestalten

Die Mitarbeiter der Heinrich KG wurden darauf hingewiesen, dass die Gestaltung der Vorlagen nach DIN 5008 geregelt ist. Diese Norm gibt zwei Varianten des Informationsblocks zur Angabe der Bezugszeichen an:

- Standardinformationsblock
- gestalteter Informationsblock

Heinrich KG
Büromöbel und Zubehör

Auch die korrekte Schreibweise des Informationsblocks und des Betreffs in Geschäftsbriefen ist „reine Normsache."

6. Öffnen Sie die Datei **„Infoblock"**[1] und füllen Sie zu jedem der folgenden Geschäftsfälle das Anschriftfeld und den Informationsblock aus. Geben Sie jeweils die Betreffangabe an.

1. Geschäftsfall	Die Heinrich KG wendet sich am 28.08.20.. an den Lieferanten Lenz KG, Nürnberg, mit der Bitte um ein Angebot über 100 Schreibtischlampen. Es handelt sich um eine erste Kontaktaufnahme. Den Brief diktiert Herr Bast (ba), geschrieben wird er von Herrn Kunze (ku), Telefon 456.
2. Geschäftsfall	Am 31.08.20.. diktiert die zuständige Sachbearbeiterin bei der Lenz KG, Frau Pütz (pü), das Angebot. Schreibkraft ist Frau Witte (wi), Telefon 345.
3. Geschäftsfall	Die Heinrich KG bestellt am 07.09.20.. bei der Lenz KG die gewünschten Schreibtischlampen. Herr Bast diktiert und Herr Kunze schreibt den Brief. Auf den vorausgehenden Schriftwechsel ist Bezug zu nehmen!
4. Geschäftsfall	Auf Wunsch der Heinrich KG wird der Auftrag am 12.09.20.. bestätigt. Frau Pütz diktiert, Frau Witte schreibt den Brief. Auf den vorausgehenden Schriftwechsel ist wieder Bezug zu nehmen!

- Geben Sie in der Fußzeile Ihren eigenen Namen an.
- Speichern Sie die Datei unter **„Informationsblock"**, drucken Sie die Datei auf **einer Seite** aus.

Fortsetzung der Situation: Briefabschlüsse, Anlagen- und Verteilvermerke gestalten

In der Heinrich KG sind in den Stellenbeschreibungen für die einzelnen Arbeitsplätze die Tätigkeitsbereiche und Kompetenzen genau abgegrenzt. Die Geschäftsführerin, Frau Gerda Heinrich, legt sehr viel Wert auf eine korrekte Schreibweise der Briefabschlüsse. Sie weist alle Mitarbeiter darauf hin, künftig bei der Korrespondenz den Unterschriftsraum normgerecht zu gestalten.

Heinrich KG
Büromöbel und Zubehör

7. Erfassen Sie den letzten Textabsatz des Briefkerns und gestalten Sie nach den angegebenen Sachverhalten den Briefabschluss normgerecht. Beachten Sie, dass in manchen Schriftstücken der Anlagen- und Verteilvermerk zu berücksichtigen ist.
   - Rufen Sie ein leeres Dokument auf.
   - Geben Sie in der Fußzeile Ihren eigenen Namen ein.
   - Speichern Sie die Datei unter **„Briefabschlüsse"**.
   - Lassen Sie die Datei auf einer Seite ausdrucken.

1 Geeignete Dokumentvorlagen finden Sie auf der Internetseite des Merkur Verlages – www.merkur-verlag.de – mithilfe der Schnellsuche (Eingabe „1828") in der Mediathek (->„Download").

1. Briefabschluss

Zusammen mit diesem Brief schicken wir Ihnen eine neue Rechnung und bitten Sie, die falsche Faktura zu vernichten.

Der Brief wird von Frau Gerda Heinrich, Geschäftsführerin, unterschrieben.

2. Briefabschluss

Diesem Schreiben haben wir einen Fragebogen beigelegt. In ihm können Sie Ihr Urteil über unsere Produkte und Ihre Anregungen festhalten. Bitte schicken Sie uns Ihre Antwort bis zum 28. d. M.

Frau Witte, Sekretärin von Frau Heinrich, hat die Kompetenz, bei Abwesenheit ihrer Vorgesetzten derartige Briefe zu unterschreiben.

3. Briefabschluss

Wir haben seit längerer Zeit keinen Auftrag mehr von Ihnen erhalten. Deshalb wird Sie unser Handlungsreisender in der kommenden Woche zu einem Gespräch aufsuchen.

Anschreiben an Kunden werden von Herrn Bremer bearbeitet. Der Handlungsreisende, Herr Bergmann, erhält eine Kopie des Briefes.

4. Briefabschluss

Mit diesem Brief erhalten Sie unser detailliertes Lieferprogramm mit den aktuellen Preislisten, gültig ab 1. Januar d. J.

Sie als Auszubildender sind zzt. im Verkauf tätig. Ihre Aufgabe ist es, die aktuellen Verkaufsunterlagen an alle Kunden zu schicken. Beachten Sie, dass der Hinweis darauf aus Platzmangel nicht mehr unter den Briefabschluss passt.

5. Briefabschluss

Wir fordern Sie zur Erfüllung Ihrer vertraglichen Verpflichtungen auf und werden Sie am 15. April d. J., wie gewünscht, mit der bestellten Ware beliefern.

Die Geschäftsführerin, Frau Heinrich, unterschreibt mit der Prokuristin des Verkaufs, Frau Oswald, die Ablehnung der Annullierung einer Warenlieferung wegen eines nicht fristgerechten Widerrufs.

6. Briefabschluss

Ab dem 1. März d. J. ist es für Sie möglich, die Preisvorteile unserer neuen Mengenstaffel zu nutzen. Ausführliche Informationen gibt Ihnen unsere Handlungsreisende, Frau Menkhoff, bei ihrem Besuch.

Frau Schulze hat Herrn Bremer, Sachbearbeiter im Verkauf, beauftragt, den Stammkunden Möblix GmbH über die neue Preis-/Mengenstaffel zu unterrichten. Frau Menkhoff muss in Kenntnis gesetzt werden.

Fortsetzung der Situation: Den Briefkern gestalten

Die DIN 5008, Schreib- und Gestaltungsregeln für die Textverarbeitung, umfasst nicht nur die Anordnung der Personen- und Firmenanschriften im Anschriftfeld, die Schreibweise des Informationsblocks und der Briefabschlüsse mit Anlagen- und Verteilvermerk, sondern auch die normgerechte Beschriftung des Briefkerns. Im Rahmen der internen Schulung steht daher heute die Gestaltung des Briefkerns im Mittelpunkt.

Heinrich KG
Büromöbel und Zubehör

8. Analysieren Sie die Geschäftsbriefe der Heinrich KG (Material 1 und 2) hinsichtlich der normgerechten Beschriftung des Briefkerns anhand folgender Leitfragen:
   - Wie ist der Briefkern aufgeteilt?
   - Welche Abstände (Leerzeilen) sind einzuhalten?
   - Welche Aussagen können hinsichtlich Schriftart und -größe sowie Hervorhebungs- und Gestaltungsmöglichkeiten abgeleitet werden?
   - Was ist beim Gestalten des rechten Randes zu beachten?

   Nutzen Sie zur Beantwortung der Fragen MS Word.

Material 1: Geschäftsbrief an die Junges Wohnen GmbH

Richtiges Sitzen ist kein Zufall

Sehr geehrte Frau Heitmann,

Auslöser von Rückenschmerzen ist hauptsächlich eine einseitige körperliche Belastung wie lang andauerndes statisches Sitzen. Orthopäden empfehlen, die Sitzposition möglichst häufig zu wechseln. Daher gilt: Die beste Sitzposition ist immer die nächste.

Der **Ergo-Gesundheitsstuhl** stellt durch seine einzigartige Beweglichkeit der Sitzfläche die neue Dimension für bewegtes, gesundes Sitzen dar. Durch die frei auf einer Kugel gelagerte flexible Sitzfläche wird einer statischen Sitzhaltung entgegengewirkt. Die patentierte Sitztechnik ermöglicht, dass die Sitzfläche nahezu reibungslos gedreht, gekippt und zudem nach allen Seiten verschoben werden kann.

Der „Be"-Sitzer kann durch aktives Kreisen und Kippen des Beckens jederzeit leicht seine Sitzposition wechseln. Der **Ergo** unterstützt damit ein bandscheibenschonendes und rückenfreundliches Sitzen. Zusätzlich kann bei jedem Modell die maximale Sitzneigung durch einen zusätzlichen Holzring, der unter den Naturkautschukring gelegt wird, verringert werden.

Bei entsprechender Indikation übernehmen die Sozialversicherungsträger, der Arbeitgeber oder die Bundesagentur für Arbeit die Anschaffungskosten für den Gesundheitsstuhl als ergonomisches Sitzmöbel.

Freundliche Grüße

Material 2: Geschäftsbrief an die Winter OHG

Aktenvernichter – keine Chance dem Datenklau

Sehr geehrte Damen und Herren,

Firmendaten sind hoch sensible Daten. Deshalb sollte der sorgfältige Umgang mit ihnen oberstes Gebot sein. Das gilt natürlich auch für Unterlagen, die nicht mehr gebraucht werden. Nicht alles darf einfach im Papierkorb landen. Wir bieten Ihnen für jeden Bedarf die optimale Lösung.

Aktenvernichter IDEAL. Das Allzweckgerät verfügt über zwei separate Zuführöffnungen und getrennte Schneidwerke für Papier und CDs/DVDs. Das Schnittgut wird getrennt aufgefangen, ein Sichtfenster zeigt den Füllstand an. Lichtschranken sorgen für automatischen Start und Stopp.

Aktenvernichter CLEAN. Neben dem Filtersystem zur Feinstaubreduzierung bietet dieses Gerät einen integrierten automatischen Öler für eine regelmäßige Wartung, akustische Abschaltautomatik für den sofortigen Motorstopp im Notfall und permanente Papiermengenmessung für den reibungslosen Betrieb. Darüber hinaus fällt der Shredder nach zehn Minuten Nichtgebrauch in den Schlafmodus und schaltet sich nach 30 Minuten ab.

Aktenvernichter STANDARD. Durch separate Schneidwerke und Auffangbehälter werden Papier und CDs/DVDs umweltgerecht entsorgt. Im Stand-by-Betrieb schaltet sich das Gerät automatisch ein und aus. Praktische Features wie Rollen mit Feststellbremsen machen die Arbeit sicher und komfortabel. Die leisen Betriebsgeräusche sorgen für ein ruhiges Arbeitsklima.

Weitere Informationen entnehmen Sie unserem neuesten Katalog.

Mit freundlichem Gruß

1 Anlage

Fortsetzung der Situation: Mit Dokumentvorlagen umgehen

Die Geschäftsleitung der Heinrich KG legt sehr viel Wert auf Corporate Identity und Corporate Design. Deshalb wird für die Geschäftskorrespondenz in allen Abteilungen ein einheitlicher Briefvordruck als Dokumentvorlage verwendet.

Heinrich KG
Büromöbel und Zubehör

9. Briefvorlagen werden nicht als normale Word-Dokumente gespeichert und verarbeitet, sondern als sogenannte Word-Dokumentvorlage.

   9.1 Nennen Sie die Funktionen, die Dokumentvorlagen haben.

   - ______________________________
   - ______________________________
   - ______________________________
   - ______________________________
   - ______________________________

   9.2 Erläutern Sie, wie sich Dokumentvorlagen von Dokumenten unterscheiden.

Dokumente	Dokumentvorlagen

9.3 Geben Sie an, wie die Vorlagen aufgerufen werden.

____

____

____

____

____

____

____

____

____

____

9.4 Stellen Sie den Geschäftsbriefvordruck der Heinrich KG (Material 3) vor und erläutern Sie dessen Anwendung (Besonderheit beim Ausfüllen des Vordrucks).

Material 3: Geschäftsbriefvordruck der Heinrich KG

Heinrich KG
Büromöbel und Zubehör¶

¶

¶ ¶ ¶ ¶ Heinrich KG···Rahlstedter Str. 144···22143 Hamburg¶ ¶ ¤	¤	¶ Ihr·Zeichen:·{··}¶ Ihre·Nachricht·vom:·{··}¶ Unser·Zeichen:·{··}¶ Unsere·Nachricht·vom:·{··}¶ ¶ Name:·{··}¶ Telefon:040·67245–{··}¶ Telefax:·040·6724587¶ E-Mail·{··}@heinrich-kg.de¶ ¶ Datum:·{·CREATEDATE··\@·"dd.MM.yyyy"··*·MERGEFORMAT·}¤
¤		

¶
¶
{··}¶
¶
¶
{··}¶

9.5 Erläutern Sie, warum ein einheitliches Corporate Design für jedes Unternehmen von Bedeutung ist.

Schulbuch
Kap. 4

6 Einen Auftrag bestätigen, den Lieferschein und die Rechnung erstellen

Situation:

Nachdem Leon Laus das Angebot mit seiner Unterschrift und einem Zusatz versehen hat, sorgt Julia Schulze dafür, dass das Angebot an die Westmoor KG zugestellt wird.

Die Westmoor KG sendet der Heinrich KG daraufhin innerhalb einer Woche nach der Angebotserstellung den folgenden Geschäftsbrief (Material 1).

Heinrich KG
Büromöbel und Zubehör

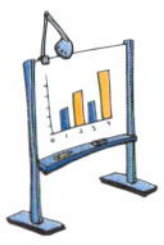

Material 1: Kundenauftrag (Bestellung) der Westmoor KG

Möbelhaus
WESTMOOR KG

Ihr Zeichen: lau
Unser Zeichen: hel

Westmoor KG · Deichhausweg 28 · 32825 Blomberg
Heinrich KG
Herrn Leon Laus
Rahlstedter Str. 144
22143 Hamburg

Name: Hella Hellebusch
Telefon: 05236 9811-0
Telefax: 05236 9811-13
E-Mail: info@westmoor-blomberg.de

Datum: 20..-..-..

Bestellung

Sehr geehrter Herr Laus,

wir danken Ihnen für Ihr Angebot vom 20..-..-.. und bestellen wie folgt:

Ware	Warenbezeichnung	Menge	Netto-Preis pro Stück
Eco B-2009154	Aktenvernichter aus gefärbtem Kunststoff für Papier, CDs und Kreditkarten …	15	89,00 €
Intimus B-2001141	Aktenvernichter aus lasierter Buche mit Vollstahl-Schneidewellen aus Spezialstahl …	5	975,00 €

Mit freundlichen Grüßen

Westmoor KG

i. A. *Hella Hellebusch*

Hella Hellebusch

Westmoor KG
Geschäftsführung: Thomas Möhring
Amtsgericht Blomberg: R 2302
St-Nr.: 31/418/0067
USt-ID Nummer: DE 789344268

Bankverbindungen:
Sparkasse Blomberg
IBAN: DE97 4765 1225 2310 2789 06
BIC: WELADED1BLO

Postbank Hannover
IBAN: DE96 2501 0030 0114 2126 68
BIC: PBNKDEFFXXX

Arbeitsaufträge:

1. Informieren Sie sich in Ihrem Schulbuch über die rechtliche Bedeutung einer Auftragsbestätigung und notieren Sie sich stichwortartig die wesentlichen Gesichtspunkte.

2. Bestätigen Sie unter Beachtung der DIN 5008 den Auftrag mithilfe von MS Word.

3. Erstellen Sie rechnergestützt den Lieferschein und die Rechnung an die Westmoor KG. Abweichend von unseren AGB gewähren wir der Westmoor KG ein Zahlungsziel von 30 Tagen und 2 % Skonto bei Zahlung innerhalb von 10 Tagen.

4. Wie ist die Erstellung dieser „Belege“ in Ihrer IUS geregelt?

5. Die Heinrich KG ist verpflichtet, in einer ausgestellten Rechnung bestimmte Pflichtangaben zu machen. Überprüfen Sie mithilfe des Infotextes (Material 2), ob die von Ihnen mithilfe Ihrer IUS erstellten Rechnungen diese Pflichtangaben enthalten.

Material 2: Informationsschreiben der Kanzlei Paulus & Partner

Ein Unternehmer ist **verpflichtet**, eine Rechnung auszustellen, soweit er den Umsatz an einen anderen Unternehmer oder an eine juristische Person, soweit sie nicht Unternehmer ist, ausführt. Eine Rechnung ist auch auszustellen, wenn über eine umsatzsteuerfreie Leistung abgerechnet wird.

Eine Rechnung kann aus mehreren Dokumenten bestehen, aus denen sich die Pflichtangaben insgesamt ergeben. In einem dieser Dokumente sind das Entgelt und der darauf entfallende Steuerbetrag zusammengefasst anzugeben und alle anderen Dokumente zu bezeichnen, aus denen sich die übrigen Pflichtangaben ergeben. Als Zeitpunkt der Lieferung oder der sonstigen Leistung kann der Kalendermonat angegeben werden, in dem die Leistung ausgeführt wird. Eine Rechnung kann berichtigt werden, wenn sie nicht alle Pflichtangaben enthält oder Angaben in der Rechnung unzutreffend sind.

Eine Rechnung muss folgende Angaben enthalten:

1. Den Namen und die Anschrift des leistenden Unternehmens und des Leistungsempfängers,
2. die Steuernummer oder die Umsatzsteuer-Identifikationsnummer (USt-IdNr.) des leistenden Unternehmens,
3. das Ausstellungsdatum,
4. eine fortlaufende Rechnungsnummer,
5. Menge und handelsübliche Bezeichnung der Lieferung oder sonstigen Leistung,
6. den Zeitpunkt der Lieferung oder sonstigen Leistung oder bei Anzahlungen den Zeitpunkt der Zahlung, sofern der Zeitpunkt feststeht und nicht mit dem Ausstellungsdatum (s. 3.) identisch ist,
7. Aufschlüsselung des Entgelts nach Umsatzsteuersätzen bzw. Umsatzsteuerbefreiungen (nur, wenn die Umsätze unterschiedlichen Steuersätzen unterliegen!),
8. jede im Voraus vereinbarte Minderung des Entgelts, sofern sie nicht bereits im Entgelt berücksichtigt ist,
9. den anzuwendenden Umsatzsteuersatz,
10. den auf das Entgelt entfallenden Steuerbetrag oder einen Hinweis auf die Steuerbefreiung,
11. bei Leistungen in der EU die USt-IdNr. des leistenden Unternehmens und des Leistungsempfängers.

Kleinbetragsrechnung

1. den vollständigen Namen und die vollständige Anschrift des leistenden Unternehmers,
2. das Ausstellungsdatum,
3. Menge und handelsübliche Bezeichnung der Lieferung oder sonstigen Leistung,
4. das Entgelt und den darauf entfallenden Steuerbetrag in einer Summe und
5. den anzuwendenden Umsatzsteuersatz oder einen Hinweis auf die Steuerbefreiung.

Elektronische Übermittlung einer Rechnung

Für die Übermittlung einer Rechnung auf elektronischem Weg sind gesetzlich die folgenden Verfahren vorgesehen:

- die Verwendung einer qualifizierten Signatur oder einer qualifizierten elektronischen Signatur mit Anbieter-Akkreditierung
- die Nutzung bestimmter EDI-Verfahren
- die Übermittlung von Standardfax an Standardfax
- E-Mail mit/ohne Anhang von PDF- oder Textdatei
- Übermittlung zwischen Computer-Telefax und/oder Fax-Server
- DE-Mail oder E-Post
- Web-Download

Der Versand einer elektronischen Rechnung bedarf der **Zustimmung** des Rechnungsempfängers. Die Zustimmung unterliegt hierbei keiner besonderen Form; konkludentes Handeln – etwa durch Zahlung – ist ausreichend.

Neben den allgemeinen Rechnungsanforderungen müssen alle Rechnungen folgende Voraussetzungen erfüllen:

- Echtheit der Herkunft; dies bedeutet, dass die Identität des Rechnungserstellers gewährleistet ist.
- Unversehrtheit des Inhalts; dies gilt, wenn die nach dem UStG erforderlichen Angaben nicht geändert wurden.
- Die Rechnungen müssen während der Dauer der gesetzlichen Aufbewahrungsfrist jederzeit lesbar sein.

Für den Rechnungsempfänger ergeben sich damit folgende zusätzliche Nachweispflichten. Zum einen muss er im Rahmen eines zu dokumentierenden **innerbetrieblichen Kontrollverfahrens** prüfen, dass die Rechnungen ordnungsgemäß sind und zum anderen bei der Archivierung sicherstellen, dass eine Manipulation der Rechnung nicht möglich ist. Die Aufbewahrung als Papierausdruck ist nicht ausreichend. Auch das Verfahren der Archivierung muss in Form einer **Prozessbeschreibung** dokumentiert und regelmäßig geprüft werden.

Notizen

Notizen

Notizen

Notizen

Notizen

Notizen